GEORGE FONSEGRIVE

Catholicisme

et

Démocratie

Victor LECOFFRE.

CATHOLICISME ET DÉMOCRATIE

DU MÊME AUTEUR

Essai sur le libre arbitre, sa théorie et son histoire : *(Ouvrage couronné par l'Académie des sciences morales et politiques.)* Deuxième édition, 1 vol. in-8°, de la *Bibliothèque de philosophie contemporaine.* Paris, ALCAN . . . . **10** fr.

La Causalité efficiente, 1 vol. in-18, de la *Bibliothèque de philosophie contemporaine.* Paris, AL-CAN . . . . **2** » **50**

Éléments de philosophie. Quatrième édition. Paris, PICARD et KAAN, 2 vol. in-12 . . . . . . **8** »

François Bacon, Paris, LETHIELLEUX, 1 vol. in-12 . **3** » **50**

Les Livres et les Idées, Paris, LECOFFRE, 1 vol. petit in-8° . . . . **3** » **50**

OUVRAGES DE YVES LE QUERDEC

Paris, LECOFFRE

Lettres d'un Curé de campagne *(Ouvrage couronné par l'Académie française),* huitième mille, 1 vol. in-18 . . . . **3** » **50**

Lettres d'un Curé de canton, sixième mille, 1 vol. in-18 . . . . **3** » **50**

Le Journal d'un Évêque :
PREMIÈRE PARTIE, quatrième mille, 1 vol. in-18 . . **3** » **50**
DEUXIÈME PARTIE, deuxième mille, 1 vol. in-18 . . **3** » **50**

GEORGE FONSEGRIVE

Catholicisme

et

Démocratie

PARIS

VICTOR LECOFFRE, Éditeur

90, RUE BONAPARTE, 90

—

1898

AVERTISSEMENT

Les chapitres de ce livre, à l'exception d'un seul, ont tous paru dans la Quinzaine. Bien que portant la trace des circonstances pour lesquelles chacun d'eux a été spécialement écrit, j'ai cru qu'il restait malgré tout assez d'idées générales et de considérations d'un intérêt plus que momentané pour les réunir en volume. Tous ont leur idée commune dans cette conviction que le Catholicisme et la Démocratie, loin d'être, ainsi qu'on l'a trop souvent pensé, deux forces ennemies, sont, au contraire, deux puissances complémentaires qui s'attirent et s'appellent l'une l'autre.

C'est ce que j'essayais d'expliquer aux lecteurs de la Quinzaine le 1er novembre 1897 dans une Causerie dont je demande la permission d'emprunter les termes :

« Une crise formidable travaille le monde. Nos nations occidentales sont en mue d'une société nouvelle. Seul l'Évangile peut fournir l'inspiration pacifique sans laquelle le bouleversement sera effroyable ; seul le catholicisme pourra donner les

règles solides en dehors desquelles rien ne durera.
Il faut donc pour qu'avec notre foi religieuse nous
gardions nos espérances nationales que le catholicisme puisse sinon arriver à une prépondérance,
du moins se maintenir vivant chez les peuples les
plus avancés en civilisation, de façon à demeurer
la suprême réserve après la faillite inévitable de
tous les autres systèmes d'organisation sociale. Or,
cela n'est possible qu'à la condition que le catholicisme puisse coexister avec le mouvement de la
civilisation. Mais, si l'on y regarde bien, ce mouvement est tout entier constitué par l'accroissement
des connaissances humaines et par l'ascension des
classes inférieures de la société. Et ceci est produit
par cela. Car à mesure que la science progresse elle
pénètre dans plus d'esprits. Plus le soleil monte
haut, et plus il éclaire loin. Ainsi le progrès de la
science est la cause dont l'avènement de la démocratie est l'effet. Il n'y a rien là qui puisse déplaire
à notre catholicisme. Notre Dieu est le Dieu de
vérité et Marie l'a loué d'avoir « déposé les puis-
« sants afin d'exalter les faibles ».

« Aussi trouvé-je insensés tous ceux qui, sous
prétexte que la découverte n'est le fait que d'une
élite, nous vantent je ne sais quelle « aristocratie
intellectuelle ». Les savants ne pourraient gouver-

ner, remplacer les féodalités anciennes, que par l'effet d'une vaste conspiration par laquelle ils s'engageraient à réserver leurs connaissances à leur caste afin d'opprimer toutes les autres. L'injustice évidente qu'il y aurait à ce complot serait la cause de sa ruine, car que l'un quelconque des conjurés vienne à trahir et c'en sera fait du monopole scientifique. La science n'est pas personnelle, indivisible, incommunicable comme l'ascendant du caractère ou les énergies brutales, elle est essentiellement communicable. Aucune cloison sociale ne peut être assez étanche pour l'empêcher de filtrer. La science est libératrice. Elle agrandit la conscience, donne aux hommes qui la possèdent le sens de leur humanité, leur représente le mal fondé des trop grandes différences, leur fait voir que chacun d'eux ayant une part de la conscience sociale a par là même le droit d'exposer ses besoins, d'exprimer ses doléances et de participer enfin de quelque manière au gouvernement social.

« Il est sans doute possible qu'un temps arrive où, par le progrès même des sciences sociales, la démocratie se transforme, que le peuple veuille de plein gré revenir aux formes aristocratiques ou monarchiques comme plus adéquates aux besoins sociaux. Le contraire est aussi possible. Mais quoi qu'il en soit, au point de développement où est arrivée la conscience sociale chez les peuples civilisés de notre Occident et en France en particulier, c'est la démocratie qui se présente comme la forme politique dominante dans notre civilisation. Le corollaire immédiat de cette ascension politique du peuple c'est la préoccupation sociale. Le peuple admis au gouvernement réclame ses droits et même plus que ses droits. La question sociale, l'établissement de la justice dans les rapports entre riches et pauvres, employeurs et salariés devient le problème inéluctable.

« Voici donc quels sont les trois termes qui, par leur enchaînement, caractérisent notre temps : le développement scientifique, l'ascension démocratique, la recherche de la justice sociale.

« Quiconque veut bien s'adapter à l'un ou à l'autre de ces trois termes et refuse d'accepter les autres montre qu'il n'a de son temps qu'une intelligence confuse et, sans le savoir, il se contredit lui-même. Ainsi il ne servirait de rien aux catholiques d'accepter la République et la démocratie, d'être même des « chrétiens sociaux », s'ils se montraient défiants ou rebelles vis-à-vis des élargissements scientifiques, comme aussi ce serait s'arrêter à mi-chemin que de faire et même de propager le *mouvement scientifique si on refusait d'accepter la démocratie et de s'inquiéter de la justice sociale. Ce serait être progressiste sur un point, conservateur ou même réactionnaire sur les autres. Il faut en tout et partout être progressiste, augmenter la justice, agrandir la vérité, travailler à l'ascension de la race humaine. Et les préoccupations sociales pratiques sont justement le meilleur contrepoids aux témérités théoriques de la pure spéculation, de même que les clartés scientifiques et les exigences de la méthode sont le meilleur antidote des utopies sociologiques. »*

Ce livre a précisément pour but de montrer comment le catholicisme s'accorde avec les principes de la démocratie et de la justice sociale. Un autre qui suivra bientôt s'efforcera de faire voir que les doctrines catholiques, loin de diminuer l'énergie vitale de la pensée, de l'intelligence, de toute la vie intérieure, l'augmentent au contraire et lui fournissent l'ossature fixe qui lui est indispensable.

G. F.

Paris, le 28 février 1898.

CATHOLICISME ET DÉMOCRATIE

I

LE SENS ET LA PORTÉE DES DIRECTIONS PONTIFICALES

A PROPOS D'UNE NOTE DE L' « OSSERVATORE ROMANO »

Des personnages habiles ou intéressés faisaient depuis quelque temps courir le bruit que le Pape, lassé de voir ses avances repoussées par le gouvernement de la République française, renonçait ou était sur le point de renoncer à ce que l'on a appelé « sa politique », qu'en conséquence on était disposé à Rome à ne plus demander aux catholiques français d'accepter pratiquement la Constitution existante, et non pas sans doute à retirer ou à désavouer, mais à laisser passer sous silence tout cet ensemble de documents émanés du Saint-Père ou de son entourage immédiat, que l'on a nommés les « directions pontificales » et dont le plus important est l'Encyclique à la nation française, *Nobilissima Gallorum gens*. Parmi les hauts personnages ecclésiastiques réunis l'an dernier à Rome pour les fêtes de la canonisation du B. P. Fourier, ces bruits avaient été colportés, une lettre d'un cardinal tendant à les accréditer avait été publiée par les journaux, le duc de Broglie écrivait en même temps un article sur *l'Église et la France moderne* (1) où la politique du Saint-Père était blâmée respectueusement mais très nettement — et sans que le nom du Pape fût prononcé. On s'apprêtait dans le camp monarchiste à reconstituer l'alliance des catholiques et des conservateurs, à ressusciter au profit d'intérêts électoraux l'équivoque désastreuse qui faisait pratiquement sinon nécessairement des catholiques des anti-constitutionnels, cette équivoque que les efforts de cinq années ont déjà éclaircie, sans doute, mais n'ont pu réussir à dissiper tout à fait.

C'est au moment où la presse monarchique et hostile aux « directions » romaines paraissait le plus sûre de son triomphe que parut la note de *l'Osservatore Romano* du 10 juin 1897. Cette note, connue en France dès le jour de sa publication par un résumé de *l'Agence Havas* et qui a été depuis publiée *in extenso*, est la plus nette con-

(1) *Revue des Deux-Mondes*, 15 mai 1897.

firmation de toutes les précédentes instructions. Elle a le souci de répondre à tous les bruits, d'apprécier toutes les conduites, elle remet toutes choses au point avec une si parfaite connaissance de tout ce qui s'est fait ou s'est dit en France sur cette question, avec un sentiment si sûr des nuances, avec une sérénité si parfaite dans le ton, une autorité si mesurée dans les termes que d'aucuns y ont voulu reconnaître la main même de Léon XIII. Et, s'il ne l'a pas écrite lui-même, à coup sûr c'est sous ses yeux, par son ordre et d'après ses conseils qu'elle a été rédigée.

Cette note nous fournit une occasion de rappeler ici le sens précis des « directions pontificales », de préciser pour nos lecteurs la position prise vis-à-vis de ces directions par les différents journaux, de dire ce qu'à notre sens ces « directions » exigent, ce que la conscience catholique y découvre d'obligatoire, et aussi ce que le sens politique peut y trouver de conséquences utiles.

Nous avons le sentiment très vif qu'elles correspondent à une nécessité, que plus nous irons, plus l'avenir démontrera leur sagesse et leur opportunité. Elles comportent des conséquences. Plus tôt on verra ces conséquences, plus tôt on s'efforcera de s'y conformer, plus tôt le catholicisme reprendra en France la place à laquelle il a tous les droits.

La note de l'*Osservatore Romano* rappelle très clairement les trois points sur lesquels ont porté les enseignements pontificaux : 1° *Théoriquement* les opinions sur la valeur respective des divers gouvernements restent libres; 2° *Pratiquement* les catholiques doivent obéissance aux ordres légitimes du gouvernement républicain, ils doivent accepter la constitution républicaine et ne pas chercher à la renverser; 3° *Pratiquement* encore ils doivent chercher à faire modifier les lois qu'ils regardent comme oppressives pour leur conscience.

De ces trois points le dernier n'est pas contesté. C'est sur les deux premiers que les catholiques se sont divisés. Les uns n'y ont voulu voir que des conseils politiques, les autres que des ordres s'adressant à la conscience et obligeant au for intérieur. Il y a, selon nous, des uns et des autres.

Il y a d'abord deux décisions, l'une dogmatique, l'autre morale de première importance, qui toutes deux émanent, à n'en pas douter, du magistère pontifical, et obligent par là même les consciences catholiques. Elles ne sont d'ailleurs que la pure et simple confirmation des doctrines catholiques universellement enseignées. La première consiste à rappeler que le dogme n'oblige à reconnaître comme seule légitime aucune forme de gouvernement. On peut croire que la monarchie est le meilleur des gouvernements, on peut soutenir aussi bien que c'est la démocratie, on n'en demeure pas moins catholique. Les opinions restent libres, les opinions, les sentiments et par conséquent aussi sans doute les espérances. Si vous avez été jusqu'ici un serviteur fidèle de la monarchie, si vous ne pouvez arriver à penser que la république peut donner à la France un bonheur définitif, si par conséquent votre amour de la patrie vous oblige à conserver au fond du cœur l'espérance de voir un jour le trône occupé par celui que vous considérez comme votre maître ou par un de ses descendants, vous en avez le droit. Et vous avez sans doute aussi le droit de le dire, bien que cela soit plus délicat.

La seconde décision renferme deux prescriptions : 1° On doit obéissance au gouvernement républicain ; 2° on ne doit pas chercher à le renverser. La première ne fait que sanctionner un état de fait. C'est en effet une règle de morale universellement admise par les théologiens catholiques que l'on doit obéissance, en tout ce qui n'est pas manifestement injuste, même aux pouvoirs dont la légitimité est très contestable. L'intérêt social, le bien commun, comme disent les théologiens, exige qu'il y ait dans toute société un gouvernement. Donc le simple citoyen n'a pas à examiner la valeur des titres du gouvernement de fait. Il suffit qu'il existe pour que l'obéissance lui soit due.

Mais la seconde prescription contient quelque chose de plus grave et d'encore plus important. Ce n'est rien moins que la reconnaissance sinon d'une légitimité absolue dans la constitution républicaine actuelle, au moins d'une légitimité relative. Et Rome professe avec une clarté qui ne laisse pas à désirer que cette dernière légitimité est la seule dont puissent jouir les gouvernements temporels. Pesons en effet ces deux paragraphes de la note de l'*Osservatore Romano* qui ne font que résumer les enseignements de l'Encyclique :

On a relevé en outre que l'Église seule a les promesses divines d'immutabilité par rapport à sa forme de gouvernement; mais que les Sociétés humaines, relativement à la durée de leurs institutions politiques, sont sujettes aux changements et aux vicissitudes du temps et surtout à l'action de laquelle dépendent les destinées futures des nations.

D'autre part, on a montré aux catholiques français que le critérium suprême du bien commun, de la conservation sociale et de la tranquillité publique impose, dans l'ordre pratique, l'acceptation des nouveaux gouvernements qui se trouvent établis de fait à la place des gouvernements antérieurs qui, de fait, n'existent plus.

Il résulte très clairement de l'opposition établie entre l'immutabilité de la forme du gouvernement de l'Église et la mutabilité des institutions politiques des Sociétés humaines que le droit de celles-ci est un droit muable, relatif aux faits, que par suite la légitimité n'est pas immuablement liée à une forme quelconque de gouvernement, à plus forte raison n'est pas l'apanage d'une famille, qu'elle dépend du « critérium suprême du « bien commun, de la conservation sociale et de « la tranquillité publique ». Par conséquent le fait devient le droit lorsque le bien commun le sanctionne.

Dès lors, quand, toute de suite après, l'interprète autorisé du Saint-Père dit que « le bien com-« mun impose l'acceptation des nouveaux gouver-« nements qui se trouvent établis de fait », et qu'il applique ce principe général à la constitution française actuelle, il fait plus que constater un

simple fait, les considérants marquent bien qu'à
ses yeux ce fait constitue un droit. C'est la reconnaissance expresse non seulement de la République
comme existante, mais de la République comme
légitime. Aux yeux de l'autorité morale infaillible
pour les catholiques, la légitimité de la République
n'est pas à cette heure moins réelle que l'a pu
être en son temps celle de Louis XIV.

Ce n'est pas là un acte de politique, c'est une
décision morale qui ressortit évidemment au
magistère papal. Car quelles pourraient être les
attributions d'un magistère moral s'il lui était
interdit de dire le droit ?

On comprend combien cette décision a paru
grave aux yeux des monarchistes. Loin de reconnaître en leurs prétendants une légitimité quelconque,
que, le Pape reconnaît au contraire la légitimité de
la République. De là les efforts désespérés tentés
pour essayer de jeter un doute sur la véritable
pensée du Pape. De là ces discussions sur lesquelles reviennent sans cesse les rédacteurs de la
Gazette de France que le fait ne saurait constituer
un droit, que le droit ne peut ni se perdre ni
s'acquérir, surtout qu'il ne peut se perdre sans
une faute positive de celui qui le possédait. Or,
quelle faute véritable a bien pu commettre

Charles X dont le duc d'Orléans se proclame l'héritier? Et quand même Charles X aurait commis quelque faute, cette faute eût-elle suffi pour l'exproprier de son trône?

Ainsi raisonnent les légitimes purs. Les royalistes orléanistes du *Soleil,* du *Gaulois* et du *Moniteur Universel* ne raisonnent sans doute guère autrement. Ils devraient seulement écrire le nom de Louis-Philippe à la place de celui de Charles X. Quant aux bonapartistes, ils soutiennent dans les quelques obscurs organes qui sont demeurés fidèles à la vraie doctrine — que l'*Autorité* ne reflète pas toujours — que tant qu'un plébiscite en règle n'aura pas prononcé, la seule constitution légitime sera la dernière sur laquelle le peuple se soit directement prononcé, c'est-à-dire la constitution impériale de mai 1870.

On comprend aisément que parmi toutes ces revendications de la légitimité une seule paraît avoir au moins une apparence de solidité. C'est celle que soutient la *Gazette de France* avec une bonne foi que moins que personne je suis disposé à contester, une information abondante et attentive, un talent fécond en ressources et une inlassable ardeur. Discuter son argumentation sera *a fortiori* discuter toutes les autres.

« Le droit ne saurait se perdre, nous répète-t-on. Le fait ne peut jamais devenir le droit. » Ce sont là des principes qui paraissent à ces vaillants écrivains aussi incontestables que les principes mêmes des mathématiques. Mais c'est justement en cela que se trouve leur erreur. Le droit se perd bel et bien, tantôt par la faute de celui qui le détient, comme quand un père indigne est déclaré déchu de la puissance paternelle, tantôt même sans qu'il y ait de la faute du détenteur du droit. Quand nous mourons ou que nous devenons fous, nous perdons nos droits, et il n'y a cependant pas — d'ordinaire — de notre faute. Un roi fou ne conserve ses droits que grâce à une fiction, parce qu'on le suppose susceptible de guérison ; si on pouvait être sûr qu'il est incurable, sa folie serait un motif parfaitement légitime de déchéance.

Donc nous n'avons même pas à examiner si Charles X a perdu ses droits par suite de quelque faute. Nous n'avons qu'à nous demander si son héritier — que ce soit don Carlos d'Espagne ou Philippe d'Orléans — est à cette heure capable de rendre les services que l'on peut attendre d'un souverain. — Mais assurément, nous dit-on, il a bon pied, bon œil, il a l'intelligence, la décision et même le reste, tout comme Henri IV. — Et nous n'avons pas à le nier. Mais nous pouvons bien demander si cela suffit. — Certes! répond-on, vous n'avez qu'à essayer. — Et c'est bien là justement que se trouve la difficulté. C'est que, voulussions-nous et le duc d'Orléans voulût-il lui-même essayer, ni lui ni nous ne pourrions faire cet essai. Car la matière sur laquelle l'essai pourrait se faire, à savoir la nation française, s'y refuse obstinément. Il ne sert de rien de s'élever contre le suffrage universel et contre les erreurs ou les falsifications mêmes des scrutins; il y a quelque chose de clair dans la conscience natio-nale, c'est qu'elle est attachée à la République et qu'elle refuse de se prêter à un souverain non pas même pour un essai. Il y a là un cas de force majeure. De même que le propriétaire d'un châ-teau situé sur une falaise voit périr ses droits si la falaise s'abîme dans la mer et entraîne les bâ-timents, de même une race souveraine perd ses droits quand la conscience nationale se détache d'elle. Le droit du monarque ne repose que sur l'utilité commune, sur le bien commun. Lorsque donc la vitalité nationale marque par des répul-sions bien caractérisées que le monarque, loin de lui être utile, lui serait plutôt nuisible, la raison d'être du droit du monarque venant à cesser, ce droit lui-même n'existe plus. C'est ainsi que s'est éteint le droit des Mérovingiens d'abord, des Carolingiens ensuite. Il y a eu là aussi perte de droit et transformation à la longue du fait en droit (1).

Nous reconnaissons volontiers que les légitimistes peuvent contester que la répulsion de la nation pour la royauté soit telle que le monarque ne puisse plus remplir son office pour le bien commun. Sur ce terrain on peut toujours discuter et les légitimistes ne s'en font pas faute.

Mais c'est précisément pour cela que pour unifier l'action catholique il était utile, nécessaire même, qu'une autorité vînt trancher la difficulté. La parole du Pape a précisément pour but et pour résultat de juger la question de fait. En fait la nation s'est-elle détachée de la monarchie au point que le bien commun ne soit plus attaché en ces jours à une restauration, qu'il soit au con-

(1) Pour toute cette discussion, en dehors des traités ordinaires de philosophie ou de théologie, on consultera avec fruit Mgr d'HULST, *Conférences de Notre-Dame*, 1895, IIe *Conférence*, p. 42 et note 8, p. 326. 1 vol. in-8°. POUSSIELGUE, 1895 ; le R. P. MAUMUS, *l'Église et la France moderne*, in-18, LECOFFRE, 1897, en particulier c. IV et c. VIII. *Les Catholiques et la Liberté politique*, in-18. LECOFFRE, 1898. — Ces deux ouvrages du P. MAUMUS sont des plus utiles à lire pour apprendre comment on peut accorder les principes immuables de la théologie avec les contingences des faits actuels.

traire attaché au maintien de la République? — Le Pape a examiné la question et l'Encyclique a apporté la solennelle réponse. Il a reconnu par là la légitimité de la République.

Cela ne l'empêche pas évidemment de témoigner des égards aux princes de la maison royale de France. L'illustration de leur Maison subsiste et la gloire de leur nom, et le Saint-Siège ne saurait oublier les égards qu'il doit aux descendants de saint Louis.

Il ne servirait de rien de dire que par cette décision le Pape, au lieu de l'union qu'il souhaitait, a lui-même provoqué la désunion. Car en face de l'impuissance des anciens partis, devant l'ardeur généreuse de toute une élite d'hommes jeunes qui souffraient de se sentir comme étrangers aux institutions de leur pays pour lesquelles ils n'éprouvaient aucune espèce de répulsion, le Saint-Siège ne pouvait parler que comme il l'a fait. La scission entre les catholiques monarchiques et les catholiques républicains était inévitable, elle allait se faire. Le Saint-Père a voulu la prévenir. Il était donc en droit de compter que sa parole souveraine trancherait les difficultés et rétablirait l'union entre catholiques. Il pensait, comme la théologie lui donnait le droit de le faire, que tous les catholiques écouteraient sa parole jugeant un cas de morale sociale et disant le droit. Il espérait, comme le généreux dévouement de tant de nobles cœurs le lui permettait, comme la reconnaissance l'y obligeait, que l'abnégation politique serait à la hauteur de l'abnégation personnelle. Le droit, la justice, la saine appréciation des choses, ne lui permettaient pas de demander aux jeunes, aux nouveaux venus, d'immoler leurs idées à l'union ; il se vit obligé, et il le fit avec une confiance très noble, de le demander à la magnanimité des autres.

Sur ce point il faut reconnaître que ses prévisions ont été trompées.

L'union ne s'est pas faite au moins chez les chefs. Des catholiques dont quelques-uns, dont beaucoup sont excellents et très convaincus, dont plus d'un a consenti de grands sacrifices en faveur de sa religion, ont cru pouvoir résister sur ce point au Père commun. C'est sans colère, sans indignation, avec une infinie tristesse qu'il convient de le constater. Car tous ne sont pas des ambitieux. Mais les sentiments, les habitudes, les traditions, ont influé sur l'esprit. Les vieilles idées gallicanes enfin sont loin d'être mortes. Plusieurs parmi les publicistes se sont souvenus

de cet article de 1682, que « les papes n'ont au-
« cun pouvoir ni direct, ni indirect sur le temporel
« des rois », oubliant que le magistère moral entraîne nécessairement le pouvoir de prononcer
souverainement devant les consciences sur l'existence du droit. De façon sourde et latente et sans
même peut-être que plusieurs s'en doutent il y a
là le germe d'une scission qui pourrait être mor-
telle et sur laquelle aussi bien, après l'avoir signa-
lée, comme la loyauté m'y forçait, j'aime mieux
ne pas insister.

Aussi quand des écrivains plus versés dans la
théologie et mieux instruits des exigences de l'orthodoxie, qui avaient d'ailleurs toute leur vie
combattu le gallicanisme, ont décidé de ne pas
suivre les conseils du Souverain Pontife et ont
voulu lui résister tout en restant dans une orthodoxie étroite mais, je crois, incontestable, ils se
sont placés sur un tout autre terrain. M. Arthur
Loth, M. Auguste Roussel et leurs collaborateurs
de la *Vérité* n'ont eu garde de contester la valeur
de l'acte par lequel le Pape reconnaissait la constitution républicaine. Ils ont fait hautement profession de s'y soumettre. Et je ne doute pas qu'ils
ne l'aient fait sincèrement.

Mais en même temps ils avaient bien remarqué

que, ainsi que le reconnaît la note de l'*Osserva-tore Romano,* « il est libre aux catholiques comme
« à tous les citoyens de préférer, dans l'ordre
« spéculatif, une forme de gouvernement à l'au-
« tre » ; comme, d'autre part, le Saint-Père
affirme qu'il « n'a jamais entendu non plus offen-
« ser les sentiments intimes ni le respect dû aux
« souvenirs du passé », ils ont trouvé là un
moyen de se soumettre au fait de la constitution
républicaine et cependant de lui faire de l'opposition.

Il suffit, en effet, pour rester dans la stricte
orthodoxie, de bien marquer que l'on accepte le
fait républicain et d'ajouter que cependant une
constitution monarchique serait préférable. En
parlant ainsi on paraît n'exprimer qu'une opinion
théorique. Et de même vanter les pratiques monarchiques, les mettre sans cesse en parallèle
avec les pratiques républicaines, ce n'est pas
directement contredire la parole pontificale, c'est
conserver et exprimer les sentiments, les souvenirs que le Saint-Père a lui-même déclarés être
respectables. Pour se mettre à l'abri des censures
théologiques et peut-être des reproches de sa
conscience, il suffit de savoir marquer (on ne le
fait pas toujours) qu'on se place dans ces compa-

raisons, dans ces parallèles, dans ces regrets, au point de vue spéculatif et sentimental. C'est cette politique de soumission révoltée qui caractérise la position de la *Vérité*.

L'attitude de la *Libre Parole* et de l'*Autorité* sont plus difficiles à comprendre et à expliquer. D'un côté M. Paul de Cassagnac a souvent dit qu'il accepterait volontiers une république honnête, et il fait d'ailleurs appel à n'importe qui, pourvu qu'il étrangle « la gueuse », ce qui prouve qu'à ses yeux il n'y a nulle part une légitimité bien sûre ; d'autre part il s'élève en toute occasion contre la Curie romaine, qui cependant ne fait pas autre chose que constater un état de fait et qu'indiquer un moyen de hâter l'avènement de la « république honnête ». — De même le journal de M. Drumont, quoique plein de récriminations contre Rome, ne paraît pas avoir une idée bien nette de ce qu'est en réalité le droit politique. C'est que peut-être ce serait beaucoup demander à deux journalistes, dont l'un a certainement plus de colère que de talent, plus de verve que d'esprit et plus de mots que d'idées — encore que son vocabulaire soit singulièrement peu abondant — et dont l'autre a plus d'enthousiasme que de réflexion, plus d'éloquence que de raisonnement et beaucoup plus d'art enfin que de véritable philosophie, d'avoir un système très solide et très suivi sur les hautes et les plus difficiles questions de la théologie morale et du droit social.

Seules *la Gazette de France* et *la Vérité* ont une doctrine, *la Gazette de France* la suit presque jusqu'au bout, *la Vérité*, qui sait jusqu'où elle la conduirait et qui n'y veut pas aller, s'arrête en chemin. Cependant il faut bien avouer que si elle reste, ce faisant, dans la stricte orthodoxie, elle ne suit pas le Pape et que les conseils du Saint-Père vont non seulement bien plus loin que le point où elle s'arrête, mais que même ils vont à l'opposé de toute sa politique.

Car en dehors des décisions dogmatiques que nous avons rapportées, les documents pontificaux contiennent encore une pensée politique qui précise en traits plus nets l'idée directrice du Saint-Siège. Ils indiquent en effet avec clarté que c'est en se plaçant sur le terrain constitutionnel que les catholiques ont le plus de chances de ne pas s'aliéner la masse électorale, de reconquérir sur elle l'influence et par là de l'amener à élire des représentants qui à leur tour opéreront dans la législation les changements désirés. C'est ce que marque bien la note de l'*Osservatore Romano*.

De cela il apparaît que les catholiques français ne doivent combattre ni directement, ni indirectement, le gouvernement établi et qu'ils doivent se placer, au contraire, sur le terrain constitutionnel et légal soit pour obtenir l'union compacte de leurs forces, soit pour enlever aux adversaires tout motif de les signaler comme ennemis des institutions en vigueur (lequel motif, largement exploité, diminuait aux yeux du peuple l'efficacité de leur action), soit pour que la cause suprême de la religion ne paraisse pas s'identifier avec celle d'un parti politique.

Tout autre terrain, dans la situation actuelle de la France, ne serait ni solide ni avantageux pour les intérêts de la religion.

Les catholiques doivent en outre s'unir étroitement entre eux, en mettant de côté tout dissentiment politique, et employer tous les moyens honnêtes et légaux pour améliorer graduellement la législation ; car maintes fois on a fait observer la différence essentielle qui existe entre le pouvoir et les lois. Le pouvoir est toujours respectable et sacré, tandis que les lois, si elles lèsent les droits de la conscience, doivent être amendées.

Pour atteindre ce noble but et imposer un frein à ceux qui voulaient déchristianiser la France et détruire parmi le peuple les notions sur lesquelles reposent l'ordre et la tranquillité sociale, il a été fait appel aux hommes honnêtes et impartiaux *de toute nuance,* attendu que c'est un devoir d'intérêt vital et commun d'assurer le respect dû aux droits souverains de Dieu, de favoriser la concorde parmi tous les citoyens, de sauvegarder le patrimoine moral d'où émanent la vraie grandeur et la prospérité d'une nation ; et sur ce terrain tous les hommes de bien et de bon sens peuvent se trouver unis et déployer d'accord leur activité et leur énergie.

On voit ici que le Pape est d'un avis tout à fait opposé à celui qu'exprimait le duc de Broglie. Non seulement il espère convertir la République, mais il croit que c'est dans cette conversion que résident les seules espérances qui puissent être solides. Les considérations par lesquelles nous essayerons plus loin de montrer (1) que le gouvernement démocratique est en France l'aboutissement à peu près nécessaire de notre évolution historique ne sont pas étrangères à la pensée du Saint-Père, non plus que les faits rappelés récemment avec tant d'éloquence par M. Jacques Piou dans la *Revue des Deux-Mondes* (2) et d'où il résulte que si les catholiques et en général les conservateurs sont devenus si profondément suspects aux masses populaires, c'est précisément parce qu'ils se sont obstinés dans une hostilité boudeuse contre les institutions républicaines.

La grande faute — faute presque inévitable, il

(1) II, p. 31 et suiv.
(2) *Les Conservateurs et la Démocratie*, 15 Juin 1897.

faut bien le dire — du clergé français a été de s'inféoder au parti anticonstitutionnel. Le Pape l'a délivré. Mais il faudra bien du temps encore pour que les défiances cessent. On fait, même parmi les républicains les plus modérés, grise mine aux ralliés. On les croit difficilement tout à fait sincères et leur loyalisme demeure suspect. De quoi les royalistes tirent occasion pour triompher et pour soutenir que leur intransigeante tactique, en même temps qu'elle est plus honorable et plus digne, n'obtient pas moins de résultats effectifs.

Et en effet il y a là un malentendu. Le Pape sur le point que nous allons maintenant traiter n'a rien dit et le silence lui était dicté par une délicatesse facile à comprendre. Mais il est facile de voir ce qu'exigeait la situation, ce que réclamaient à la fois et la dignité des chefs politiques et l'intérêt de la cause en dehors de leurs personnes. Un homme privé, en effet, et en France particulièrement, peut bien reconnaître qu'il s'est trompé et même changer d'opinion, nul ne songe à y trouver à redire, mais qu'un homme public passe tout à coup de l'opposition anticonstitutionnelle la plus vive à l'acceptation de la Constitution, il y a un trop visible intérêt pour que son ralliement ne paraisse pas suspect. Il avoue en

outre par là même s'être trompé avec trop d'obs-
tination pour que sa réputation de clairvoyance
ne soit pas atteinte. Ce qui signifie que le ralliement au pouvoir est de façon à peu près infaillible la mort politique du rallié. On s'étonne que
les ralliés n'aient que peu de succès et n'aient
guère récolté que des avanies. Mais l'étonnant
c'est qu'ils n'en aient pas récolté davantage encore. La politique de l'acceptation de la République transformée en politique du ralliement était
par avance et par sa nature même condamnée à
l'insuccès.

Mais la politique du ralliement n'est pas du tout
la politique du Pape, c'est la politique des ralliés,
ce qui est tout autre chose. Le Pape n'a donné
que les directions générales qui tenaient à sa
charge souveraine. Il n'est pas entré dans les détails de l'application. C'était à ceux qui voulaient
sincèrement lui obéir de faire de la politique et de
se conduire dans leur obéissance en hommes
d'État.

Qu'exigeait donc la nette vue de la situation
politique? Simplement ceci : que les catholiques
résolus à obéir au Pape comprissent que dans une
situation nouvelle il faut une conduite nouvelle,
une politique nouvelle et pour cela des hommes
nouveaux et que donc ils missent tout leur patrio-

tisme à s'effacer résolument devant des hommes moins compromis qu'ils ne pouvaient l'être eux-mêmes dans le mouvement de réaction condamné, et qu'ils employassent toute leur influence à promouvoir le succès de ces hommes nouveaux qui, étant nouveaux, n'avaient pas pu se tromper et, n'ayant pas pris part aux anciennes oppositions, ne pouvaient être suspects. Deux ou trois grands chefs catholiques devaient rester pour assurer la continuité de l'évolution, mais les autres devaient disparaître. L'état-major catholique n'a pas eu le courage généreux de se condamner lui-même, il s'est contenté d'obéir aux ordres du Pape, il a manqué à la fois d'esprit politique et d'abnégation, il a été puni par l'impuissance, les rebuffades et la suspicion.

La grande politique, la politique généreuse — et que serait donc la politique des catholiques si elle n'était généreuse et grande ? — se fait autrement. Elle suppose non seulement la discipline, mais la prévoyance à longue portée, la patience et l'abnégation. Si l'on veut que les paroles de Léon XIII acquièrent toute leur portée et aient toute la fécondité qu'il est permis d'en espérer et qu'elles doivent avoir, il faut désormais que l'on aille chercher pour servir aux diverses places et aux divers rangs, non pas seulement ceux qui ont jadis essayé et qui ont peu ou pas réussi, ceux que à peu près seuls leur nom ou leur fortune désignait, mais des hommes que les luttes d'autrefois ont laissés libres de toute compromission anticonstitutionnelle et qui auront montré par leur vie et par leurs actes qu'ils ont une notion claire de l'œuvre à entreprendre et de la conduite à suivre. S'ils ne sont pas par eux-mêmes influents sur le corps électoral, le rôle de leurs aînés est de leur prêter leur concours actif. Eux plus tard sauront reconnaître l'aide qu'on aura pu leur donner.

Et si des esprits chagrins venaient nous reprocher encore de vouloir décidément tout changer et la pratique et les hommes, en face de cette histoire lamentable des conservateurs catholiques maîtres du pouvoir et perdant peu à peu toute influence par cette mésintelligence que leur a reprochée avec tant de justesse éloquente M. Piou, nous aurons le droit de leur dire : « Nous pouvons toujours bien essayer de faire autrement que nos devanciers, car, quoi que ce soit que nous fassions, et quels que puissent être les résultats de nos efforts, il se peut que nous ne fassions pas mieux, nous n'arriverons pas à faire plus mal. »

1ᵉʳ Juillet 1897.

II

L'IDÉE DE LA DÉMOCRATIE CHRÉTIENNE ET LA PAIX SOCIALE

On sait qu'il existe en France — en Belgique aussi, en Suisse, en Autriche, en Allemagne et en Italie, mais nous ne voulons parler ici que de la France — une organisation démocratique chrétienne. M. l'abbé Naudet en a exposé le programme dans la *Quinzaine* (1), M. Paul Renaudin a raconté (2) comment peu à peu cette organisation avait été amenée à se former. Or, les démocrates chrétiens sont en ce moment violemment attaqués. Non seulement les incorrigibles soutiens de tous les abus de la force patronale, toutes les feuilles antidémocratiques et antisociales leur courent sus, mais, ce qui est plus grave, des revues à tendances sociales telles que la *Réforme Sociale* (3) les ont accusés d'incliner au socialisme et de prêcher la guerre des classes. Ce

(1) 1er Mars 1897.
(2) *Quinzaine* du 1er et 15 Juin 1896.
(3) 15 Avril 1897.

qui est plus grave encore, c'est que M. le comte de Mun, le fondateur de l'Œuvre des cercles, celui que si longtemps les réactionnaires ont représenté comme un agitateur social, qu'ils ont appelé si souvent socialiste, a par deux fois adressé aux démocrates chrétiens de fortes objurgations. Ce fut d'abord dans les premiers jours d'avril 1877 dans le discours qu'il prononça à la clôture de l'assemblée annuelle de l'Œuvre des cercles. Il y disait :

« J'ai quelque inquiétude au sujet de la direction que nos amis du groupe de la Démocratie chrétienne paraissent vouloir donner au grand mouvement social né de notre œuvre. Dans le mouvement généreux qui porte ces amis, sortis pour la plupart de nos rangs, à aller au peuple, comme je l'ai si souvent demandé avec ardeur, comme je ne cesserai jamais de le demander, je crains qu'on n'oublie quelquefois que, si l'état démocratique est un état de fait que l'on peut, que l'on doit même accepter, en cherchant par tous les moyens à le christianiser, à l'organiser, il n'y a pas, cependant, de société viable en dehors de certains principes que les hommes peuvent bien méconnaître, mais qu'il n'est pas en leur pouvoir de renverser. De ce nombre est le rôle social des classes élevées. On a pu dire qu'elles manquaient trop souvent à leur mission vis-à-vis des classes populaires. Nul ne l'a dit, ne l'a répété avec une plus énergique insistance que les fondateurs de l'Œuvre des cercles. Mais tout notre effort doit tendre à restaurer cette mission là où elle est méconnue, à la fortifier là où elle s'exerce. La répudier, nous ne le devons jamais.

D'ailleurs n'est-il pas vrai que le mouvement démocratique lui-même ne nous apparaît réellement sérieux et fécond que là où quelques hommes des classes élevées se dévouent au service des classes ouvrières ?

...La lutte, la guerre de classes, qui a été engendrée par l'individualisme, est le grand mal, le grand péril de notre temps.

Il y a quelques semaines, j'étais aux pieds du Souverain Pontife, qui m'encourageait avec sa bonté habituelle à lui parler de la France ; au cours de ce long entretien, le Pape me dit avec un accent de fermeté singulière :

« Avant tout, Nous ne voulons pas de luttes de « classes ; jamais le Pape n'a rien dit qui pût les encou- « rager ; il faut respecter le rôle social des classes « élevées : il est nécessaire ; ce que Nous voulons, « c'est une action populaire : il faut la faire sans tom- « ber dans l'excès démocratique, et par l'union de « toutes les bonnes volontés. »

Ému de ces paroles, le groupe des démocrates chrétiens du Nord a demandé à M. de Mun des explications et M. de Mun leur répondait le 3 mai suivant par une lettre que la presse a publiée et où il est dit :

Je reste fidèle au programme que j'ai proposé, en 1892, à Saint-Étienne, et qui m'a valu, de la part du Souverain Pontife, une lettre publique d'approbation et d'encouragement.

Il y a donc, entre nous, plus qu'un lien formé par le souvenir d'une manifestation de confiance réciproque : il y a la solidarité d'une idée commune.

Mais laissez-moi vous le dire franchement, il me semble que nous n'avons plus, de cette idée commune, tout à fait la même conception.

Je crains, d'une part, qu'entraînés par l'action politique, par l'ardeur des polémiques et l'agitation des réunions publiques, vous ne perdiez un peu de vue ce qui devrait, à mes yeux, être le grand objet de vos préoccupations : l'organisation professionnelle et les œuvres sociales qui, par les services rendus, en sont le plus ferme point d'appui.

Je crains aussi, d'autre part, qu'ébranlés dans vos intentions par les difficultés que rencontre leur mise en pratique vous n'abandonniez un peu trop le but initial de nos efforts, la constitution des groupes communs qui doivent manifester et rendre efficace le rapprochement des patrons et des ouvriers.

Les deux périls sont liés : l'un conduit à l'autre.

Ils exposent votre entreprise à dévier, et, malgré vos propres résolutions, malgré la fermeté de vos sentiments catholiques, à perdre, au point de vue social, son caractère chrétien.

Voilà mon inquiétude.

Elle se résume dans cette double pensée : Vous

faites trop de politique et vous vous éloignez trop des classes élevées.....

Je tiens à vous signaler le fait capital qui, à mon avis, pourrait, si vous n'y prenez garde, détourner de sa voie pratique et féconde le mouvement social dont vous et vos amis avez pris l'initiative.

C'est la constitution, suivant moi, très prématurée et mal conçue, du parti démocratique chrétien. Lorsque je suis venu, l'année dernière, au congrès ouvrier de Reims, j'ai tenu, vous vous le rappelez peut-être, à marquer à cet égard la plus grande réserve : j'ai dit que je ne voulais plus parler de votre œuvre électorale, bien qu'elle fût dans votre droit, parce que cette action spéciale m'apparaissait non comme un but, mais comme « le résultat d'un effort social patiemment accompli ». C'est ma conviction. Vous risquerez de paralyser votre œuvre sociale en la transformant en une œuvre politique.

Et voulez-vous que je vous fasse toucher du doigt le danger de cette transformation ?

Le congrès de Reims a décidé que le nouveau parti serait dirigé par un conseil exclusivement composé de salariés ; par là même il en a fait, quoiqu'il ne lui en ait pas donné le nom, un parti exclusivement ouvrier : car vous admettez bien que si tout le monde peut entrer dans le parti démocratique, il est juste que tout le monde ait part à sa direction, à moins que l'on ne veuille faire de la classe ouvrière une nouvelle classe dirigeante, prenant la place des anciennes.

La tendance ainsi manifestée par la création et l'or-

ganisation du parti démocratique me paraît caractéristique. C'est cette tendance, accusée d'ailleurs par
bien d'autres indices, que je crois périlleuse. C'est
contre elle que j'ai voulu vous mettre en garde, vous
et vos amis, à la clôture de l'assemblée générale des
cercles, en vous recommandant de ne pas méconnaître
le rôle social des classes élevées.

Ai-je besoin de vous dire que je ne songe pas à vous
reprocher de vouloir organiser une lutte de classes ?
Vous me connaissez trop bien pour me croire capable
de vous adresser une aussi injuste accusation : si quelqu'un a pu supposer que telle était ma pensée, il n'a
pas lu mes paroles.

Ce que j'ai dit, c'est qu'à la lutte des classes, sur-
excitée par le socialisme, il fallait opposer l'union des
classes, seul remède capable d'éteindre l'antagonisme
créé par le régime individualiste. Et j'ajoute, ici, qu'en
écartant, en paraissant dédaigner la classe élevée, on
tomberait, inversement, dans la déplorable faute com-
mise par ceux qui ont, trop souvent, écarté ou dédai-
gné la classe ouvrière.

Ainsi les démocrates chrétiens sont accusés
nettement : 1° pour faire trop de politique, d'incliner au socialisme ; 2° non pas d'organiser, mais
de préparer inconsciemment la guerre des classes.
Ces reproches sont graves. Il convient de les bien
examiner. Pour ce faire, laissant à ceux qui sont
engagés dans le parti des démocrates chrétiens le

soin de défendre et les actes et les paroles, je me placerai, en philosophe, au point de vue doctrinal pur, sans m'inquiéter de ce qui a pu altérer ou non l'idée essentielle, et donc, sans plus m'occuper des *Démocrates chrétiens* qui, étant hommes, ont pu, comme tous les autres, subir l'impulsion des passions humaines, je ne parlerai ici que de la *démocratie chrétienne* et je me demanderai si vraiment dans son idée essentielle elle doit sombrer dans les injustices socialistes, si, nécessairement, elle doit armer ses adeptes contre les classes élevées, mettre en péril la paix sociale. Les reproches que l'on fait aux démocrates chrétiens portent-ils sur des erreurs de conduite toujours faciles à redresser? portent-ils sur les principes eux-mêmes? C'est là la question qu'il faut résoudre. On en voit toute l'importance. Pour cela je crois nécessaire de reprendre d'un peu haut les choses.

On sait par quelle irrésistible évolution les peuples modernes et la France en particulier sont portés vers les formes démocratiques de gouvernement. Les causes de l'évolution sont doubles : il y a une cause purement historique et une cause philosophique. La cause historique se trouve dans le mouvement civilisateur qui, à mesure qu'il pénètre dans les masses populaires, les éclaire, les appelle à une vie plus haute de l'intelligence, et, en même temps qu'il leur procure plus de bien-être, leur fait mieux sentir l'importance de leur rôle social. Par là le peuple arrive à la fois à sentir et à comprendre que, le but de toute société étant le bien commun, le bien des classes les plus nombreuses doit devenir la principale préoccupation de ceux qui gouvernent; c'est donc l'intérêt du peuple qui constitue le principal intérêt social. Or, ne semble-t-il pas qu'il soit naturel que ceux qui ont à la bonne direction de la société le principal intérêt aient quelque droit de s'inquiéter de cette direction et par conséquent d'y prendre part? Lorsqu'un Bossuet disait au fils de Louis XIV : « Le pouvoir du « roi n'a d'autre raison d'existence que le bien « commun de tous ses sujets », exprimant ainsi les principes libérateurs de la philosophie sociale catholique telle que, l'empruntant en partie à Aristote, l'avaient enseignée saint Thomas et Suarez, il énonçait le principe même du développement des démocraties. C'est donc un ferment chrétien et plus spécialement catholique que l'on trouve au début de l'évolution.

Mais à cette cause historique, sourde, latente,

procédant par accroissements progressifs de la conscience sociale du Tiers-État, par mouvements de propagation lente qui n'ébranlaient encore en 1789 que les couches supérieures de la bourgeoisie, vint se joindre l'effet d'une cause plus manifeste, aux effets plus brusques, procédant par secousses et par à-coups, avec une sorte de fièvre, comme tout ce qui est artificiel : cette cause est la philosophie révolutionnaire de la souveraineté du peuple. A la conception positive, en même temps que juridique, du bien social développée par la théologie catholique, les théologiens protestants opposèrent dès les premières luttes de la Réforme la conception purement abstraite, aussi peu fondée en fait qu'en droit, de la souveraineté absolue du peuple. Le jurisconsulte Bodin et le ministre Jussieu furent, comme chacun sait, les propagateurs de cette doctrine. C'est chez leurs disciples de Genève que Jean-Jacques Rousseau la recueillit, c'est dans Jean-Jacques et dans la tradition protestante que la trouva Kant, c'est enfin de Jean-Jacques Rousseau que l'apprirent nos Constituants et c'est de là qu'elle a passé dans notre bagage idéal commun, dans les formules solennelles où il est question de la « volonté nationale », dans les plus petits manuels civiques.

Or, cette doctrine, étant idéale et absolue, ne pouvait admettre les tempéraments et les lents progrès. Elle parlait au nom du droit. Le peuple étant souverain de droit, la loi n'étant et ne pouvant être qu'une émanation de sa volonté, il fallait le mettre sur l'heure en possession de son droit. Le suffrage universel était la seule conséquence logique que l'on pût tirer de cette doctrine.

Ainsi les philosophes sont allés au-devant des progrès naturels de l'idée démocratique. Ils l'ont faussée en transformant l'idée très complexe et très plastique du bien social commun en l'idée très simple et brutale de la souveraineté. A la place de la raison, ils ont mis la volonté et trop souvent le caprice, par suite, au lieu de l'évolution, la ré-volution. Ils ont transformé le moyen en fin et ont oublié la fin véritable.

Mais cependant, à travers toutes les secousses et les brusques contre-coups, le progrès historique se continuait, les lumières intellectuelles arri-vaient aux couches de plus en plus profondes du peuple. A cette heure on peut dire que la masse entière est pénétrée de façon plus ou moins cons-ciente de la pensée catholique qu'exprimait Bos-suet : « Le bien social commun est le but du gou-« vernement des États. » Il n'est pas de paysan ou d'ouvrier qui ne comprenne qu'en fin de compte c'est son bien-être et celui de ses voisins qui doit être le but principal des efforts sociaux. Et comme chacun sent les causes immédiates qui le font souffrir, que d'autre part les révolutions successives ont mis chaque citoyen en possession du bulletin de vote par lequel il peut manifester ses désirs et parfois même les imposer, il y a ainsi rencontre dans chaque conscience populaire entre le sentiment de son droit et celui de son pouvoir social. D'un côté, intéressé pour une part principale au bien commun, le peuple a droit à ce que cette part lui soit réservée ; d'autre part, le suffrage lui met aux mains un pouvoir qui lui paraît corrélatif de ce droit. Les philosophes, à force de parler du contrat social, en ont fait naître dans les consciences l'équivalent. A cette heure le processus évolutif est terminé. Le peuple est en possession du pouvoir. Le principal intéressé et le principal commanditaire a été mis en possession de la direction de la grande affaire sociale. Il ne la lâchera pas. La démocratie est fondée. « C'est pour le peu- « ple qu'on doit gouverner », disait Bossuet, avec les grands docteurs catholiques ; c'est donc par le peuple qu'il faut gouverner, a répondu la conscience moderne. Ainsi, pour parler en philosophe, se rejoignent dans la démocratie la cause efficiente et la cause finale de l'action sociale.

Il reste à éliminer de la conception démocratique l'idée protestante et révolutionnaire de la souveraineté (1). Le bien social est un but qui a ses conditions d'existence en dehors des volontés, il n'y a pas plus de souveraineté populaire que de souveraineté royale. Le bon plaisir est tout aussi tyrannique, qu'il vienne du peuple ou du roi. Le mot démocratie ne signifie pas que le peuple a le droit de tout faire, plus que celui de monarchie ne signifiait que le roi eût le droit de tout ordonner. Les suffixes *cratie* et *archie* ne sont pas des termes magiques qui rendent légitime l'illégitime. Sous la démocratie comme sous la monarchie, il n'y a de légitime que ce qui est véritablement utile au bien social. Et ils sont plaisants ces autres qui accusent d'oublier toutes les règles du droit ceux qui parlent de démocratie, quand eux-mêmes, en parlant de monarchie, ne croient pas

(1) Il n'est que juste de reconnaître qu'après nos grands philosophes catholiques du commencement du siècle, les de Maistre et les de Bonald, beaucoup d'esprits s'y emploient. Citons seulement les efforts de deux sociétés issues de l'école Le Play : *les Unions de la paix sociale* et *la Société d'économie sociale*, les ouvrages de M. Charles Benoist, entre autres : *Sophismes politiques de ce temps*, in-18, Perrin.

les oublier ! La volonté populaire ou royale ne fait pas le droit, elle l'exprime ou le signifie, le traduit en texte de loi. Ce texte est juste quand il est conforme au droit supérieur, il est injuste dans le cas contraire. Peu importe que le législateur soit le peuple assemblé dans ses comices, une assemblée ou Louis XIV.

Ces considérations, bien qu'un peu longues, m'ont cependant paru nécessaires pour faire comprendre comment il se fait que la démocratie, qui pouvait être autrefois une aspiration idéale et parfois révolutionnaire, paraît maintenant une modification sociale organique qu'une oppression violente peut mutiler, mais qui ne pourra être atrophiée ou supprimée que par un retour en arrière de la civilisation, une dissolution sociale. Quand, dans une famille, les enfants sont une fois émancipés, qu'ils ont pris la libre direction de leurs biens, pour que cette direction leur soit enlevée il faut un acte d'injuste brutalité ou qu'ils soient eux-mêmes atteints de démence ou d'infirmité mentale.

Cependant l'état démocratique a ses maladies et ses misères tout comme les autres. L'égoisme s'y manifeste et s'y doit manifester avec d'autant plus de force que l'intérêt est plus immédiat et plus fort; que les idées ont moins d'étendue et de portée. Les classes qui sont à la fois les plus nombreuses et les moins fortunées ont dû naturellement porter des regards d'envie sur les oisifs et les riches. Il a été facile aux agitateurs de faire entrer dans des cerveaux simples cette idée très simple : « Si on enlevait leur opulence à ceux qui sont riches, cela diminuerait la misère des pauvres et le travail des ouvriers. » Ce sentiment égoïste et simple de l'envie est le ferment de haine qui, savamment brassé par les agitateurs, soulève contre les riches et les patrons les masses socialistes.

Mais à ce sentiment purement injuste se mêlent malheureusement de justes raisons. Il est incontestable que l'individualisme tel que l'avait fait la Révolution laissait l'ouvrier seul et isolé en face du patron, que la loi du marchandage imposait plus d'une fois à l'ouvrier des prix de famine et que les progrès de l'industrialisme, à mesure qu'ils enrichissaient les patrons habiles, laissaient les ouvriers dans la même précaire situation. En sorte que l'injustice capitaliste fournissait aux déclamateurs des arguments trop solides. La Commune avec ses massacres et ses incendies, l'horreur sanglante de sa répression fut une des manifestations des haines aveugles de la populace, de la lutte des deux injustices.

Tous nos lecteurs savent que c'est de la vue des horreurs de la Commune qu'est issue l'Œuvre des cercles catholiques ouvriers. Deux officiers d'ordonnance du général de Ladmirault, alors gouverneur de Paris, M. le comte de Mun et M. de la Tour du Pin Chambly, depuis marquis de la Charce, résolurent d'éclairer les travailleurs égarés, de leur faire sentir que les classes riches de la nation s'intéressaient à leur sort. Leur cœur de nobles chrétiens s'émut à l'aspect du sanglant conflit. Ils se sentirent saisis de l'amour fraternel des souffrants, des égarés et des travailleurs. Ils pensèrent que dans leur monde beaucoup sans doute étaient animés des mêmes sentiments. Ils cherchèrent les moyens de se rapprocher du peuple, de se faire connaître à lui, de l'aider, de le soulager et, par le contact, la pénétration réciproque, l'amour mutuel, de dissiper les malentendus, de tarir la source des haines. Les cercles catholiques d'ouvriers furent fondés.

Ces cercles reposaient sur un double apostolat. Il fallait agir à la fois sur les deux classes antagonistes, sur les classes élevées — qu'on appela « dirigeantes » — et sur les ouvriers. Il fallait amener aux cercles à la fois des riches, des oisifs et des ouvriers. Ainsi réunis, les uns et les autres devaient causer, échanger sans apprêt et sans morgue, familièrement, leurs sentiments et leurs idées. MM. de Mun et de la Tour du Pin étaient persuadés qu'en voyant de près les représentants des classes élevées, les préventions ouvrières se dissiperaient, qu'à leur tour ces représentants connaîtraient mieux les ouvriers, apprécieraient davantage leur courage et leur vertu, compatiraient de plus près à leur misère. Les classes élevées devaient ainsi remplir une fonction de patronage, quelque chose comme le « devoir d'aînesse », dont on parlait récemment. De ce rapprochement entre les diverses classes devait naître la pacification sociale. Chimère de deux grandes âmes, rêve de deux nobles cœurs !

C'est ce rêve que tentent dans un autre genre de réaliser les *Settlements,* ces *Formes nouvelles de la charité* dont a très bien parlé M. des Rotours (1), par lesquelles on essaye de fusionner de façon volontaire et par conséquent artificielle, pendant quelques heures, quelques jours ou quelques semaines, la vie des riches et celle des pau-

(1) Voir *La Quinzaine* du 1ᵉʳ Mars 1897.

vres, des oisifs et des travailleurs. Les œuvres de ce genre peuvent réussir par la bonne volonté réciproque, par des efforts constants de commune charité, elles demeurent précaires, toujours suspendues à la valeur des personnes qui en font partie, à la merci de la mort ou de la disparition de quelques hommes; elles pansent ou guérissent les plaies locales, elles ne sauraient fournir une médication générale aux maladies endémiques. Dans le domaine social, il n'y a de viable que ce qui n'est pas à la merci des volontés, que ce qui tient à la nature des choses et qui donc devient véritablement organique.

Que se passait-il en effet dans les cercles catholiques ouvriers, et là même où régnait, avec la plus grande bonne volonté, la plus constante assiduité? Nobles et bourgeois, grands propriétaires, industriels, avocats, médecins, étudiants, hommes du monde, se rencontraient avec des travailleurs manuels. Les deux éléments avaient beau se mêler, toute l'ingéniosité des plus dévoués présidents avait beau se dépenser, les classes ne fusionnaient pas. On échangeait quelque bout de conversation, on s'estimait, on s'aimait, on ne se pénétrait pas. C'était comme l'huile et l'eau. Si bien que peu à peu en beaucoup d'endroits les représentants des classes dirigeantes, ceux sur lesquels on comptait le plus au début, consentirent bien encore à donner leur nom et à payer leur cotisation mais ne se montrèrent plus qu'aux assemblées solennelles, dans les occasions d'apparat.

Au contraire il arriva que certains cercles prospérèrent. Ce furent ceux dans lesquels les ouvriers rencontrèrent des membres des classes dirigeantes qui surent leur parler de leurs intérêts professionnels, s'intéresser à leurs travaux, à la quotité de leurs salaires, ceux surtout où les ouvriers d'industrie purent se rencontrer avec des ingénieurs ou des patrons d'une industrie similaire, quelquefois avec les ingénieurs ou les patrons de leur atelier ou de leur usine. Ici la communauté des préoccupations ou des intérêts créa la compénétration qui n'existait pas ailleurs.

L'expérience renforça ainsi chez M. de Mun et chez M. de la Tour du Pin cette idée déjà ancienne que la charité, la bonne volonté mutuelle, fût-elle poussée même jusqu'à l'héroïsme, ne suffisait pas, qu'il fallait s'intéresser aux ouvriers autrement que pour leur apporter l'aumône d'un patronage, qu'il fallait d'abord revendiquer pour eux la justice dont plus d'une fois ils étaient frustrés.

De là les travaux économiques entrepris par le Conseil de l'Œuvre des cercles, les articles publiés par l'*Association catholique,* toute cette suite admirable des discours de M. de Mun (1) qui contient avec un cours véritable d'économie sociale les vues les plus hautes, les idées les plus généreuses exprimées dans la langue la plus éloquente : de là enfin cette série de réformes sur le travail des enfants dans les manufactures, sur le travail de nuit des enfants et des femmes, sur le chômage un jour par semaine, sur les syndicats. Toutes ces réformes, après avoir été revendiquées d'abord par les catholiques, ont fini par être votées par les Chambres.

M. de Mun peut être fier de son œuvre. La bastille de l'économie politique libérale est désormais démolie. C'est à peine s'il se trouve aujourd'hui un homme, M. Yves Guyot, et un journal, *les Débats,* pour soutenir dans son intransigeance le libéralisme orthodoxe. M. Paul Deschanel, un ami pourtant des *Débats,* proclame que l'ouvrier isolé n'est pas de force à lutter contre le patron, qu'il n'a pas la liberté suffisante pour défendre ses droits, que l'État doit protéger sa faiblesse

______

(1) Publiés chez Poussielgue, 5 vol. in-12.

contre tous les genres d'injustice (1). L'école de Le Play a certainement sa part dans ce triomphe des idées sociales, mais sans l'agitation créée par M. de Mun, sans l'action de sa triomphante éloquence sur les milieux les plus obstinément conservateurs — des idées révolutionnaires, on peut bien dire que ces justes réformes auraient mis bien plus longtemps à être acceptées.

Cependant M. de Mun n'abandonnait pas son idée première. Dans le vote de la loi sur les syndicats, il fit de vaines tentatives pour favoriser l'organisation de syndicats mixtes, composés à la fois de patrons et d'ouvriers des industries similaires. Selon lui, les syndicats exclusivement formés ou d'ouvriers ou de patrons risquaient de perpétuer, d'aggraver peut-être en la généralisant la guerre des classes. Or, il avait donné à sa vie pour but non pas seulement l'obtention de la justice pour l'ouvrier, mais surtout la pacification des esprits, la fusion des classes par la bienveillance réciproque, la fraternité dans la paix. Cette paix, cette fraternité, ne pouvaient à ses yeux être obtenues que par l'échange des services et des

(1) Cf. *La Quinzaine*, 15 juillet 1896. *Autour du catholicisme social*, par Georges GOYAU, 1 vol. in-18, PERRIN.

vues, le compagnonnage des vies, par le patronage des uns et le respect reconnaissant des autres. La justice à ses yeux était impuissante à établir la paix si la charité ne venait s'y joindre. Or, la charité, c'est l'amour, et l'amour ne s'établit pas par des délégués ou des intermédiaires, il va d'un homme à un homme, directement. Et comment pourrait-on s'aimer lorsqu'on siège dans des assemblées séparées, qu'on ne se coudoie pas, qu'on ne se fréquente pas, qu'on n'arrive pas même à se connaître et à se parler?

L'échec presque général des syndicats mixtes a été, je n'en doute pas, une des grandes déceptions de la vie du comte de Mun. Un moment il a paru en prendre son parti, sinon en faire son deuil. Ses derniers actes publics prouvent qu'il n'en était rien, et que lorsqu'il paraissait aller du côté des démocrates chrétiens, il y avait entre eux et lui quelque persistant malentendu. Les documents rappelés plus haut, son discours, sa lettre aux démocrates chrétiens du Nord, ont eu pour objet et auront pour résultat de bien délimiter ce malentendu.

C'est qu'en effet, au moment même où le syndicat mixte n'obtenait des Chambres aucun privilège et échouait, ou autant dire, devant l'expérience, quelques chrétiens résolus osaient, ainsi que l'a si bien raconté M. Paul Renaudin (1), travailler à organiser la démocratie ouvrière. M. Léon Harmel, le président de l'Œuvre des cercles dont M. Albert de Mun est le secrétaire général, fondait au Val-des-Bois et dans toute la région de Reims des cercles chrétiens d'études sociales. Là, sous le contrôle des aumôniers, sous l'œil bienveillant du patron se réduisant lui-même de son propre gré au rôle de simple consulteur, les ouvriers abordèrent directement l'étude des questions sociales. Ils prirent l'habitude de s'instruire, de se gouverner eux-mêmes ; M. Harmel fit tout ce qu'il put pour arriver à se rendre inutile, toute sa direction n'eut pour but que d'établir l'autonomie des groupes ouvriers, ce patron s'ingénia à mettre ses ouvriers en état de se passer du patron. Ainsi peu à peu dans toute la région du Nord et de l'Est se formèrent les nouveaux cercles ouvriers. Ils essaimèrent bientôt dans toute la France. Ils eurent leurs congrès. La démocratie chrétienne existait comme parti.

La conception de M. de Mun était le patronage, celle de la démocratie chrétienne est l'autono-

____

(1) *La Quinzaine*, 1er, 15 juin 1896.

mie (1). M. de Mun ne conçoit pas que la pacification sociale puisse s'opérer sans la charité, les démocrates chrétiens réclament avant tout la justice et ils y insistent presque exclusivement.

Nous pouvons maintenant comprendre et le sens et la portée des paroles inquiètes contenues dans le discours et dans la lettre de M. de Mun. Il fallait tous ces préliminaires pour les expliquer.

Irrévérencieusement le *Figaro* (2) comparait naguère M. de Mun à une poule qui aurait couvé des canards et tous les journaux révolutionnaires ou libéraux ont accablé l'illustre orateur de leurs félicitations un peu ironiques. La *Petite République* a abondé aussi dans son sens. Elle a dit qu'il voyait très clair et que les démocrates chrétiens, fatalement, par la seule logique des idées et par la déclivité des faits, deviendraient les adeptes du socialisme, les partisans de la révolution sociale. Et tous les journaux « bien pensants » ont usé et abusé de cet article pour accabler les démocrates chrétiens.

Or, il me semble que toutes ces déductions, que

(1) Voir la très judicieuse lettre signée UN DÉMOCRATE CHRÉTIEN, publiée par l'*Univers* du 16 mai 1897.
(2) 14 mai 1897.

toutes ces accusations sont sans fondement. On fait aux démocrates chrétiens un procès de tendance, on les accable avec quelques paroles imprudentes échappées ici ou là à une plume batailleuse et trop ardente ou à la chaleur d'une discussion. Il se peut d'ailleurs que quelques-uns dépassent l'exacte mesure. Mais ce ne sont là que des accidents. Il reste à savoir si dans son idée essentielle la démocratie chrétienne renferme nécessairement comme conséquence la lutte des classes et le socialisme révolutionnaire. C'est là toute la question.

Or, en quoi et pourquoi le fait que les ouvriers s'organisent entre eux, qu'ils s'entendent sur leurs intérêts et discutent sur les questions professionnelles pourrait-il porter ombrage aux patrons? Les patrons n'ont-ils pas le droit de se concerter et de discuter entre eux? Ou propose-t-on, pour établir la balance, que jamais les patrons ne se réuniront sans appeler à eux quelque ouvrier qui pourrait les éclairer de ses conseils?... — Mais les ouvriers émettent la prétention d'exclure de la direction du parti démocratique quiconque n'est pas un salarié, en sorte qu'ils semblent bien mettre hors la loi les capitalistes et les patrons. — Ce point de fait qu'allègue M. de Mun paraît contesté (1). Mais je n'ai pas pour ma part de peine à répondre sur le terrain théorique où je suis placé et où je veux me tenir : Si les ouvriers ont agi ainsi, ils ont eu tort, car une classe, parce qu'elle est une classe, ne doit pas être exclue du gouvernement d'un pays. On désavoue d'ailleurs cet article du programme voté à Reims (2).

Quiconque sert la démocratie ouvrière par ses paroles, ses conseils ou ses écrits doit être apte à la représenter, quel que soit le rang social où il se trouve placé. Voilà ce qu'il faut rappeler — et il se peut que M. de Mun ait eu raison de le faire — à tous les démocrates chrétiens. Le salariat ne doit pas être un empêchement là où les capacités se trouvent; il ne faut pas non plus que le patronat ou la possession du capital en puissent constituer, là où avec la capacité se rencontre le dévouement. En ce sens, M. de Mun a eu raison de dire que la démocratie chrétienne ne devait pas vouloir se passer du concours des classes élevées.

Mais en ce sens seulement. Car si M. de Mun avait voulu dire qu'il y a des classes qui, par la

(1) Voir *Justice sociale*, 15 mai 1897. Article de M. l'abbé Naudet.

(2) *Justice sociale*, *ibid.*

situation, fortune ou noblesse, où les a placées leur naissance, sont investies d'une sorte de droit inné au patronage, nous ne pourrions accepter la théorie ainsi formulée. La naissance et la fortune créent des devoirs, ces devoirs d'aînesse dont nous parlions au début et que M. de Mun reconnaît. Elles ont ensuite des droits dans la mesure même où elles accomplissent leurs devoirs. C'est ce que nous disions tout à l'heure, que quiconque se dévoue à la classe ouvrière a droit au respect, à la reconnaissance de ceux auxquels il se dévoue. Les classes « nées » n'ont d'autre privilège que celui de pouvoir plus facilement et plus efficacement servir et leur droit à la direction se mesure exactement à la valeur de leur service.

Nul n'ignore sans doute et nul ne conteste que la naissance et la fortune confèrent à ceux qui les ont une force sociale considérable. Nous savons tous combien il faut, à ceux qui ne la possèdent pas, perdre d'efforts et de temps, pour arriver à exercer une influence quelconque. Mais cette force sociale innée, tout indéniable qu'elle soit et digne par elle-même de considération et d'estime, ne constitue cependant un droit que lorsque ceux qui la détiennent s'en servent non pour leur plaisir ou leur ambition, mais vraiment pour le bien commun. Ce qui revient toujours à dire que le droit n'existe que là où le devoir est accepté et accompli, que c'est le service et non la naissance ou la fortune qui confère le droit à la direction. Ce droit n'existe donc pas naturellement dans les classes, fussent-elles encore plus élevées, il n'existe que dans les personnes. Il y a donc, ainsi qu'on l'a dit, des hommes dirigeants, il n'y a plus aucune classe qui mérite d'être appelée véritablement dirigeante.

Et ces hommes dirigeants même, quel doit être leur but dans une démocratie véritable? C'est d'arriver à élever tellement ceux qu'ils dirigent qu'ils finissent par leur apprendre à se diriger eux-mêmes. L'idéal de toute démocratie est l'ascension du peuple, de tout le peuple vers l'autonomie. C'est cet idéal que visaient les congressistes de Reims et que dans leurs esprits un peu jeunes ils supposaient déjà réalisé pour eux-mêmes. Ils se sont trompés. M. de Mun a eu bien raison de le leur rappeler. Leurs camarades et leurs amis ont refusé de les suivre. Ceux qui s'appellent les « intellectuels » du parti n'abdiqueront pas volontiers la direction. Peut-être jamais les conditions humaines du salariat ne permettront-elles cette autonomie complète des salariés.

Elle n'en demeure pas moins un idéal que l'on peut, que l'on doit peut-être se proposer. L'idéal pour les uns est un bon tyran ou un patron excellent, ceux-là ont l'esprit monarchique et l'infirmité réelle de la nature humaine fait leur conception plausible; pour les autres l'idéal est le gouvernement de tous par tous, l'administration de l'industrie par les coopérateurs eux-mêmes, la suppression du patron comme patron, ceux-ci ont l'esprit démocratique, ils estiment plus savoureux le pain qu'on se donne à soi-même que celui qu'on reçoit d'autrui et la dignité idéale de la condition de l'homme fils de Dieu, racheté du sang du Christ, fait que leur système peut se défendre. M. de Mun penche peut-être du côté des premiers. Les démocrates chrétiens sont résolument avec les seconds. Il y a là évidemment une divergence de vues, une conception différente de l'idéal.

Mais M. de Mun et les démocrates chrétiens demeurent d'accord sur la justice à rendre à chacun. Par le fait même qu'ils sont chrétiens, qu'ils se donnent la peine et qu'ils se font gloire de l'être, les démocrates chrétiens n'ont, vis-à-vis des patrons ou des privilégiés de la naissance ou de la fortune, ni haine ni jalousie. Ils respectent la propriété légitime d'autrui comme ils veulent qu'on respecte leur juste salaire. Ils ne veulent pas plus que la justice soit lésée à leur profit qu'à leur détriment. S'ils se croient lésés, ils réclament ce qui leur est dû, mais la voix éloquente du comte de Mun s'est si souvent élevée pour faire écho à leurs plaintes que nous sommes bien sûr qu'il ne blâme pas leurs justes réclamations. Les démocrates sont imbus d'ailleurs — ou doivent l'être — des doctrines catholiques sur la grâce. Ils savent que les uns ont reçu plus et les autres moins, tous par la libéralité du Père qui ne devait rien à aucun (1). Ils ne s'étonnent donc pas des inégalités sociales. Ils les acceptent volontiers sans hauteur comme sans envie, en véritables chrétiens, ils demandent seulement que l'injustice des hommes ne les vienne pas aggraver et rendre criantes.

Et c'est par ce souci de la justice, par cette élimination de l'envie, par cette acceptation des inégalités naturelles et sociales que les démocrates chrétiens seront gardés du socialisme, qu'ils ne risqueront pas de fomenter la guerre des classes ou d'y prendre part. *La Petite République* peut là-dessus en faire son deuil et toutes les déductions des journaux réactionnaires ne prouveront

(1) Voir plus loin, III, p. 59 et suiv.

rien, car elles n'établissent et ne peuvent établir que cela seul, à savoir que le jour où les démocrates chrétiens cesseront d'être chrétiens ils deviendront des socialistes. Ce qui n'est, au vrai, qu'une vérité de La Palisse que l'on pourrait rétorquer en disant que le jour où les patrons chrétiens non démocrates cesseront d'être chrétiens ils deviendront des exploiteurs. En vérité cela prouve peu. Le christianisme des démocrates chrétiens est le sel qui empêche de se corrompre en eux l'idée de justice, comme chez d'autres il est le levain qui entretient le ferment de charité. Ils ont fait à leur foi chrétienne assez de beaux sacrifices, ils l'ont assez hardiment confessée, quelques-uns sont revenus d'assez loin vers elle pour qu'elle soit chevillée à leur âme aussi avant que le souci même de la justice. Et, à vrai dire, c'est dans leur christianisme qu'ils ont trouvé la doctrine qui fonda leurs justes revendications. Car le christianisme enseigne qu'il faut rendre à chacun ce qui lui est dû et la théologie catholique en particulier par ses doctrines sur le droit de propriété et le bien commun, but de la société, encourage, loin de s'y opposer, ainsi que nous l'avons vu, l'évolution démocratique. Et Léon XIII lui-même, en reconnaissant dans l'Encyclique *De con-*

ditione opificum l'état de « misère imméritée » où se trouvent trop de travailleurs, leur a bien montré qu'il estimait leur cause juste puisqu'elle avait pour elle le plus haut représentant de la conscience chrétienne. Par le fait seul qu'il est la justice, le christianisme soutient à la fois les ouvriers dans leurs justes réclamations et les empêche de subir les entraînements du socialisme.

Mais, en même temps qu'il est la justice, le christianisme est la charité. Si donc les démocrates veulent tout à fait mériter ce beau nom de démocrates chrétiens, ils proclameront que la justice seule est impuissante à fonder la paix sociale. La justice ne crée et ne peut créer qu'un équilibre essentiellement instable que la moindre injustice en haut ou en bas suffit à bouleverser ; la charité compense par sa grâce et ses sacrifices volontaires les injustices commises et seule peut assurer la stabilité pacifique de l'équilibre. C'est là, à n'en point douter, l'idée qui préoccupe M. de Mun. Il ne consent pas à se contenter d'une solidarité mécanique entre les hommes, à la merci des moindres défaillances individuelles, il veut une pénétration des âmes, une cimentation des cœurs par l'amour où le dévouement des uns répare les négligences ou même les fautes des autres, où les classes élevées feraient aux classes laborieuses la charité de leur indulgence et de leurs conseils, où celles-ci feraient aux classes élevées l'aumône de leur dévouement et de leur pardon.

M. de Mun a raison et aucune paix durable ne s'établira fondée sur la seule et rigoureuse justice, si la charité ne vient par sa grâce remédier aux défaillances humaines.

Mais les démocrates chrétiens, qui n'ont d'ailleurs jamais nié la valeur de la charité, sont excusables d'avoir pensé d'abord à établir la justice, et de s'être, pour cela, organisés en parti et même en parti de guerre. Faut-il bien les en blâmer? En face de l'injustice triomphante qui refuse de céder la place, quel autre moyen que la guerre peut arriver à introduire la justice? Et la justice, ou du moins ce minimum de justice compatible avec l'infirmité humaine, est la condition essentielle du règne de toute paix. C'est cette attitude guerrière qui a ému l'âme pacifiante de M. de Mun. Il aurait voulu la paix. Mais Celui qui a dit : « Je « vous donne ma paix, je vous laisse ma paix », a dit aussi : « Je ne suis pas venu apporter la paix, « mais la guerre. » Et ainsi la démocratie chrétienne, je ne dis pas toujours telle qu'elle existe, mais telle que l'on peut et que l'on doit essentiellement la concevoir, est bien dans la tradition du christianisme, elle n'est même qu'en apparence infidèle aux désirs du comte de Mun, elle ne guerroie pour la justice que pour établir la paix, que pour préparer le sol solide et fécond où pourra s'épanouir, magnifique, seule pacificatrice, la fleur de la charité.

1er Juin 1897.

III

SOCIALISME ET CHRISTIANISME

Le vendredi 18 juin 1897, la Sorbonne donna un spectacle significatif. M. Andler, maître de conférences à l'École normale supérieure, soutenait une thèse qui avait pour sujet : les *Origines du socialisme d'État en Allemagne*. Or, au cours de la soutenance, le candidat aussi bien que les juges, en bons philosophes, ont cherché avant tout à pénétrer l'essence ou l'idée du socialisme. L'intérêt du débat, vraiment dramatique et tragique même par instants — car derrière la bataille des abstractions et la lutte des paroles on voyait d'autres luttes et d'autres batailles, à travers la flamme pure des idées on apercevait d'autres incendies — se concentra dans la discussion entre M. Andler et M. Boutroux. Au dire de tous les assistants, si M. Andler se montra dialecticien vigoureux et passionné, jamais M. Boutroux n'avait mis au service d'une pensée plus maîtresse d'elle-même une parole plus chaude et plus pénétrante, toute rayonnante de la lumière pure de l'esprit.

M. Andler a défendu le dogme socialiste, M. Boutroux lui a opposé le dogme contraire. M. Andler a soutenu le droit absolu de l'être humain à la justice consistant dans l'égalité ; M. Boutroux a contesté cette conception égalitaire de la justice, il a reconnu dans l'inégalité quelque chose qui n'est pas nécessairement injuste. Et ce qui a donné au débat toute sa portée, c'est que les raisons qu'a données M. Boutroux sont toutes voisines des idées qui constituent le fond du christianisme. Car M. Boutroux a reconnu expressément qu'il y a en chaque homme : 1° un fonds donné par la nature et conséquemment quelque chose d'extérieur à tout mérite ; 2° quelque chose que chacun de nous ajoute à ce fonds par son activité volontaire. Et comme il est impossible de distinguer ce qui vient de nous de ce qui nous a été donné en dehors de tout mérite de notre part, il s'ensuit que la notion de justice ne pourrait être réalisée, si on voulait ne tenir aucun compte des inégalités naturelles.

Par là, M. Boutroux allait au fond même du débat et il y allait précisément parce qu'il aboutissait au tuf des principes sur lesquels repose le christianisme. En sorte que le symbolisme significatif de ce débat scolaire consistait à mettre aux prises la conception chrétienne et la conception moderne de la justice. La petite salle de la Sorbonne à cette heure représentait l'univers. Car la lutte de tous les endroits, la lutte de toutes les heures, qu'on le sache ou qu'on l'ignore, est commandée par l'idée que les modernes se sont faite de la justice en opposition avec l'idée que professe le christianisme. Je ne sais si tout le monde s'en doute. Là-dessus il ne peut y avoir de pacte ni de compromis. Ceci tuera cela ou cela éliminera ceci.

Quelle est donc l'idée que les modernes peu à peu sont arrivés à se faire de la justice? — C'est que la justice consiste à donner à chacun selon ses œuvres, que les droits de chaque homme sont égaux absolument, que dès lors on ne doit tenir compte dans la rétribution d'aucune des inégalités naturelles ou que, si l'on en tient compte, ce doit être pour les compenser. Au lieu de donner beaucoup à celui qui fait beaucoup parce qu'il est très intelligent et très fort, on ne lui donnera rien de plus qu'aux autres parce que son intelligence et sa force sont des dons gratuits qui donc ne sauraient lui conférer aucune espèce de droits. On rétribuera non le rendement, mais l'effort et la bonne volonté. Ainsi la justice, loin de tenir compte des inégalités naturelles pour régler ses rétributions sur le rendement final, n'en tiendra compte que pour travailler à les supprimer. La justice sociale ne consiste pas à traiter inégalement des êtres naturellement inégaux, mais à réaliser en fin de compte l'égalité. La nature est injuste. La société doit réparer les injustices de la nature.

Lisez Descartes au commencement du *Discours de la Méthode*, le *Discours sur l'inégalité entre les hommes* de Jean-Jacques Rousseau, les écrits de Babeuf, etc., vous verrez peu à peu se préciser cette conception de la justice et du but social qui a trouvé dans Proudhon sa forme à peu près définitive. M. Andler s'est fait en Sorbonne l'écho éloquent de ces théories.

Cependant de deux choses l'une : ou les théoriciens admettent le libre arbitre de l'homme ou ils se rangent au déterminisme. Dans le premier cas il faut bien qu'ils tiennent compte des variations dans la bonne ou mauvaise volonté et la justice n'aboutit pas à l'égalité. Dans le second au contraire rien jusque-là n'empêche que l'égalité s'établisse. Elle ne s'établira cependant qu'au prix d'une contradiction, car le postulat du socialisme est précisément qu'il faut rendre à chacun selon ses œuvres. Or, si le déterminisme est le vrai, comme aucun parmi les hommes n'agit, puisque tous sont agis, aucun n'opère véritablement, aucun n'a le droit de dire proprement que son œuvre est sienne ; ce qu'il appelle son œuvre n'est qu'une fructification nécessaire de ses qualités natives au sein des circonstances extérieures ; il a reçu tout cela, il ne s'est rien donné, il n'a rien produit, sa rétribution doit lui venir en vertu des mêmes lois immuables sur lesquelles nul ne peut rien, il ne saurait donc ici véritablement être question de justice.

La seule conception logique est donc celle qui, admettant le libre arbitre, proportionne la rétribution à l'effort volontaire, de façon à éliminer toute autre considération en dehors de ce qui dépend absolument de la personne morale, abstraction faite de ses forces physiques, de ses puissances intellectuelles, de ses alliances sociales. L'inégalité ici résultera de la considération idéale de la pure égalité normalement rétablie et sera par conséquent conforme à l'idée pure de la justice, corrigeant les injustices de la nature.

On voit tout de suite où se trouve le défaut et la chimère d'une telle conception. Outre que beaucoup de socialistes se déclarent déterministes et par là ruinent tout le fondement idéal de leur doctrine, il est tout à fait impossible, ainsi que le faisait voir M. Boutroux, de discerner dans les œuvres humaines ce qui correspond à l'effort volontaire et personnel, seul véritablement méritoire, de ce qui est le produit des dons naturels, lesquels ne sauraient engendrer aucun mérite, aucun droit à une rétribution. Pour opérer ce départ avec justesse il ne faudrait rien moins que l'œil souverainement perspicace d'un Dieu. Aussi le socialisme, conscient de l'impossibilité où il est de réaliser son rêve, se résigne-t-il en fait à mettre la puissance de l'État au service de toutes les faiblesses pour les mettre avec toutes les puissances sur le pied d'une même égalité. Mais alors on met au rancart la justice même au service de laquelle seule on prétendait mettre les forces de la société. On se contente de mettre à sa place et de se proposer maintenant pour but une égalité qui n'est pas la justice, qui en est même plutôt le contraire et qui n'a d'autre mérite que d'en donner l'illusion. C'est ainsi que les socialistes, hantés par un idéal d'absolue justice et partis de l'idée abstraite de l'égalité entre les personnes morales, finissent par aboutir à l'égalité réelle entre les hommes concrets, par renoncer à la justice pour demeurer des égalitaires.

Voilà, pour parler comme Proudhon, ce que

devient la justice dans la Révolution. Elle se biffe et se guillotine elle-même. Voyons maintenant ce qu'elle est et ce qu'elle devient dans l'Église.

Le christianisme a d'autant moins de peine à accepter l'idée que se font les socialistes de la justice qu'ils la lui ont empruntée. La justice consiste bien à rendre à chacun selon ses œuvres. Mais il y a une justice humaine et une justice divine. La justice humaine juge et rétribue les actions des hommes d'après leur valeur totale, elle ne s'impose pas l'impossible tâche de discerner ce qui dans l'œuvre accomplie vient de l'homme même, de sa libre volonté ou de ses qualités naturelles — qu'il a reçues et qu'il ne s'est point données. Les inégalités naturelles qui aussi bien existaient même entre les anges se seraient sans doute aussi rencontrées parmi les hommes quand bien même Adam n'aurait pas péché, elles rentrent donc dans le plan divin. La seule différence entre l'état d'innocence et l'état actuel c'est que les hommes n'auraient pas eu à souffrir de ces inégalités tandis qu'à présent nous en souffrons. La justice sociale n'a donc pas à s'exercer pour les faire disparaître, elle n'a le droit que de prévenir les aggravations d'inégalité que l'injustice pourrait produire.

Donc le christianisme non seulement admet les inégalités normales et naturelles, mais il n'admet pas que l'on veuille les supprimer, il les respecte comme œuvre de Dieu, et même il les justifie. C'est ce point qui, bien compris, établira toujours une séparation et creusera un fossé infranchissable entre les socialistes libres penseurs et les chrétiens amoureux de la justice et ardents à toutes les réformes sociales. Ceux-ci font entrer dans leur idée de justice la considération même de l'inégalité et donc ne peuvent risquer de devenir des égalitaires. Pour qu'il en fût autrement il faudrait que ces chrétiens — que ces abbés-démocrates, comme on appelle les prêtres qui les conduisent — oubliassent et tout leur christianisme et toute leur théologie. Rien ne prouve qu'ils l'aient fait ni qu'ils songent à le faire.

C'est que l'idée fondamentale du christianisme n'est pas l'idée de la justice, mais l'idée de la libéralité, de la grâce et, nous pouvons bien dire le mot, du privilège. Emporté par la logique et par la raison, peut-être par la fréquentation qu'il a faite de Pascal, M. Boutroux y venait insensiblement. C'est d'une main libérale que Dieu librement a semé les créations. C'est sa grâce qui a tout donné et c'est par un privilège divin que chaque être a ce qu'il a et d'être et de perfection. Car chaque être a sa loi propre *(privata lex)*. En particulier chaque âme humaine est créée par un acte de libéralité singulière. Les uns reçoivent plus, les autres moins. Dieu ne devait rien à personne. Avant d'être qu'avions-nous fait pour mériter d'être? Et donc, qu'avons-nous que nous ne l'ayons reçu? Jusque-là ne parlons pas de justice, il ne peut être question que de don, de grâce gratuite et de charité.

Il est vrai que Dieu a voulu que nous participions à l'œuvre de notre salut, *non salvat invitos,* mais alors même qu'il nous récompense, ce n'est pas seulement à notre bonne volonté qu'il proportionne sa récompense, mais aussi à l'abondance de ses propres dons. C'est une grâce pour une grâce, selon le mot de l'Apôtre, et ce sont ses propres dons qu'il couronne en nous. Que cette justice est étrange et différente de celle des socialistes!

Cependant même au point de vue où se sont placés ces derniers, il n'y a pas là la moindre injustice. Car Dieu donne plus qu'il ne doit comme le maître dans la parabole de la onzième heure, mais il ne donne jamais moins. Et donc « pourquoi notre œil serait-il méchant parce que le maître est bon » ?

Se plaindre de ne pas recevoir autant que les autres, alors qu'on a soi-même reçu plus que ce à quoi l'on avait droit, ce n'est pas amour de la justice, c'est envie ; ce n'est pas tristesse du mal dont soi-même, n'était la comparaison, on ne souffrirait d'aucune sorte. C'est l'abominable tristesse du bien. « Pourquoi ton œil est-il méchant parce que je suis bon ? »

La justice, telle que l'entendent les socialistes, n'est donc que l'abstraction d'un minimum d'être. C'est l'extrême limite où commencerait l'injustice. C'est une conception purement mathématique. La justice chrétienne est à la fois plus nuancée, plus vivante, plus large et plus pleine. Elle est variée et multiforme comme la vie. Elle n'est pas sèche comme une figure géométrique, elle a la souplesse des grâces antiques, l'aile de la poésie, la riche harmonie des chants.

Ce qui n'empêche pas le chrétien de ressentir vivement l'injustice, cet abus de la force par lequel le privilégié prend plus que son privilège, empiète sur le privilège d'autrui et donc augmente à son profit les inégalités normales. C'est à empêcher ces empiètements, à réparer ceux qui ont été commis dans le passé et dont l'héritage se fait encore misérablement sentir, à en prévenir de semblables dans l'avenir que les sociologues chrétiens doivent employer toute leur ardeur. Pénétrés de l'idée si riche de la justice chrétienne tout imprégnée de grâce et de charité, ils feront voir clairement à tous les yeux l'originalité, la fécondité de leur conception. Entre le nivellement socialiste et l'impérissable multiformité chrétienne, tous les hommes pénétrés de l'idée des complexités de la vie sociale choisiront, comme on a fait en Sorbonne, ils préféreront en fin de compte la justice à l'égalité.

28 *Juin 1897*.

IV

AUX JEUNES GENS

On dit en beaucoup d'endroits que les jeunes
gens élevés dans le catholicisme, plus favorisés
que d'autres peut-être du côté de la naissance ou
de la fortune, paraissent moins disposés à se dé-
vouer au triomphe des idées dont ils font au dehors ostensible profession. Et l'on croit avoir tout
dit quand on a parlé des « gardénias » qui font
des démonstrations bruyantes accompagnées de
réunions joyeuses et de fins banquets où se pro-
clament, panachées, les revendications politiques
et les affectations religieuses, et qui cependant, au
moment du danger, se sauvent en brutalisant des
femmes au lieu de les secourir, ainsi qu'on dit
qu'il arriva au bazar de la Charité. En outre qu'il
semble bien que les brutalités des « gardénias »
au bazar de la Charité doivent être regardées
comme une légende où deux ou trois défaillances
individuelles ont été très considérablement gros-
sies, c'est une grande injustice de confondre
l'ensemble des jeunes gens catholiques avec

une petite troupe de bruyants et inutiles viveurs.

Il est possible que pendant un temps trop long les jeunes catholiques aient paru se désintéresser du mouvement des choses et des idées, que, timides et défiants, ils aient songé avant tout à préserver leur foi personnelle, l'indépendance intérieure de leur conscience au milieu d'un monde hostile. Aujourd'hui les choses changent de face. Ces jeunes gens ont compris qu'ils avaient un rôle plus actif à jouer. Et ils s'y préparent. De tous côtés ils se réunissent en des cercles, des conférences ou des associations, ils fondent des œuvres, organisent des congrès. Ils s'instruisent, ils s'aguerrissent, ils prennent des formations de combat.

Pour ne parler que de Paris, tout le monde sait l'importance qu'a prise en ces dernières années le cercle catholique des étudiants sous la direction vaillante et hardie de M. l'abbé Fonssagrives. Le cercle a su manifester sa vitalité intérieure et dans tous les grands événements publics, sans se confondre avec personne, se mêler à tout. On connaît également la conférence Olivaint des RR. PP. Jésuites, la conférence Laennec, la jeune et vivante société d'artistes qui, sous le patronage de Saint-Jean et la direction habile du P. Clair, groupe un nombre de jour en jour plus considérable de jeunes peintres, sculpteurs, architectes ou musiciens. Auprès de ces sociétés, les englobant ou les pénétrant, l'Association de la jeunesse catholique qui, jusqu'à ces derniers jours, a eu pour président le vicomte de Roquefeuil étend ses ramifications sur la France entière. Cette Association a ses réunions et ses congrès. Récemment elle se réorganisait et s'apprêtait à entrer plus hardiment dans le mouvement social. Ces jeunes gens, dont plusieurs s'occupent déjà de patronages, se proposent de s'entraîner au métier de conférenciers pour aller défendre ou enseigner les idées catholiques dans les milieux populaires. D'un autre côté, trois congrès de jeunes ont déjà eu lieu où se trouvaient un grand nombre d'anciens élèves de l'Université, à Bordeaux, en 1895, à Paris, en 1896, à Marseille, en 1897. Un quatrième se tient à Lille en 1898.

A côté de ces sociétés déjà anciennes et dont la vaillance augmente de plus en plus, de nouveaux groupes se forment. Les RR. PP. Maristes de la rue de Vaugirard ont, grâce à l'activité et à l'intelligence du P. Peillaube, réussi à grouper depuis trois ans un nombre déjà considérable d'étudiants de la Sorbonne, de l'École de Droit ou de l'École de Médecine. Ils se distribuent en trois conférences : la conférence Saint-Paul où l'on s'occupe de sujets littéraires et sociaux assez variés, la conférence Saint-Thomas consacrée à la philosophie, et la conférence Pasteur où l'on étudie plus spécialement des sujets d'ordre scientifique. Chaque dimanche, les membres des trois conférences reçoivent un enseignement supérieur religieux, le P. Peillaube leur fait un véritable petit cours de théologie.

Les conférences de la « Crypte » ont un autre caractère. Celles-ci sont nées au collège Stanislas. En 1894, quelques élèves de philosophie et de l'école préparatoire demandèrent au censeur, M. l'abbé Leber, de se réunir dans la Crypte de la chapelle pour discuter entre eux divers sujets de littérature et de philosophie. L'année suivante, les anciens taupins devenus pipos, les philosophes devenus normaliens ou étudiants libres, revinrent le dimanche retrouver leurs camarades. Ils apportaient avec eux l'écho des préoccupations du dehors, plus d'un parmi eux aidait à Plaisance durant les après-midis de leurs congés M. l'abbé Soulange-Bodin dans l'organisation de ses patronages pour les enfants des écoles laïques (1), ils

____

(1) Cf. Turmann. — *Les Patronages depuis le Concordat.* —

voyaient se poser en action devant eux la tragique question sociale, ils en étudièrent les données et se communiquèrent les uns aux autres leurs idées sur les solutions. Ils firent appel à de brillants conférenciers du dehors. La vaillante revue *le Sillon* fondée avec quelques jeunes amis par M. Paul Renaudin a porté plus d'une fois au dehors des échos de ces conférences. Bientôt la Crypte fut trop petite et les jeunes conférenciers grossis de beaucoup de jeunes gens venus d'ailleurs, en particulier des lycées, ont dû recevoir l'hospitalité au cercle du Luxembourg.

Or, ces jeunes gens ont fait l'amitié au directeur de *la Quinzaine* de lui demander de les entretenir le jour de leur dernière réunion de l'année, le dimanche 30 mai 1897. Cependant le R. P. Peillaube faisait au même écrivain un honneur pareil en l'invitant à présider le 9 juin la séance solennelle de clôture des conférences de la rue de Vaugirard. Présidée en 1896 par M. Denys Cochin, député de la Seine, cette séance le sera en

Quinzaine du 1er Juillet et du 1er Octobre 1896. — Ces articles fort bien faits et admirablement documentés sont la seule étude d'ensemble qui existe sur les *Patronages catholiques*. — Les journaux hostiles tels que le *Radical* les ont fort remarqués et leur ont rendu justice. Ils ont été depuis réunis en volume sous ce titre : *Au sortir de l'École*, in-12. LECOFFRE.

1898 par M. Ollé-Laprune. Entre d'aussi éminentes personnalités celui à la bonne volonté duquel le P. Peillaube faisait appel ne pouvait songer qu'à être utile, s'il le pouvait. Se trouvant donc avoir deux fois en dix jours à adresser la parole à des jeunes gens, il a pensé ne pouvoir mieux faire qu'entretenir les conférenciers de la « Crypte » du *Devoir civique de la jeunesse catholique dans une démocratie* et que montrer aux jeunes étudiants des conférences Saint-Paul, Saint-Thomas et Pasteur l'*Importance sociale du sens catholique*. Les deux sujets n'en font qu'un, ils se supposent l'un l'autre et comme on n'a pas jugé inutile de les traiter de vive voix, peut-être ne le sera-t-il pas plus de rappeler ici les principales pensées qui furent développées et qui me paraissent, il faut bien que je l'avoue, les axes idéaux d'organisation pour l'action sociale non seulement de ces jeunes gens, mais de tous les catholiques. Voici d'abord la conférence donnée à la réunion de la « Crypte ». Le discours aux jeunes gens des conférences du P. Peillaube sera reproduit après.

I

LES JEUNES CATHOLIQUES ET LA DÉMOCRATIE

Nous sommes des catholiques, nous vivons dans une démocratie, nous voulons agir sur cette démocratie et agir d'une façon catholique, nous voulons donc imprégner de catholicisme la démocratie, faire jouer à notre foi le rôle qui lui a été prescrit, le rôle de sel pour conserver tout ce qui ne doit pas périr, le rôle de levain pour animer, pousser en avant vers la lumière et le progrès tout ce qui, vivant, doit se développer, s'améliorer et grandir.

Pour cela il est nécessaire que nous ayons d'abord opéré en nous-mêmes l'œuvre que nous voulons opérer sur le dehors, il faut que nous ayons à la fois l'âme catholique et l'âme démocratique et que ces deux âmes ne se fassent pas la guerre en nous, mais qu'elles soient au contraire tellement pacifiées et harmonisées que l'une et l'autre n'en fassent plus qu'une. Et cela suppose évidemment qu'il y a entre le catholicisme et la démocratie non pas seulement des points de contact mais une affinité véritable. Mais cela suppose aussi — car enfin le catholicisme n'est pas la démocratie — que l'on a séparément d'abord cultivé en soi, pour ne pas tout confondre, et la foi catholique et les sentiments démocratiques.

On a supposé ici la foi catholique bien établie, bien instruite et bien vivante et on n'a parlé que de la façon dont un catholique peut comprendre la démocratie et s'y adapter. C'est donc ici que devraient se placer dans l'ordre logique des idées les développements par lesquels on pourrait montrer la nécessité d'une instruction religieuse plus développée que celle que l'on reçoit d'ordinaire dans les catéchismes. Car au moment où l'on reçoit dans les facultés ou dans les écoles une instruction supérieure, si l'on en reste pour l'enseignement religieux à une instruction primaire, à ses horizons et à ses méthodes, il est infaillible qu'il se produise dans la pensée un déséquilibre tout au désavantage de la religion.

Nous supposons donc un catholique bien armé comme catholique qui veut agir sur son temps. Comment pourra-t-il s'y prendre? — Et d'abord doit-il essayer d'agir? d'agir socialement et, pour dire le mot, politiquement? Cela ne paraît nullement douteux. Il y a une vieille objection qu'on nous fait depuis fort longtemps — elle remonte à Bacon — c'est que le chrétien occupé seulement de son salut est obligé par sa préoccupation même de négliger les intérêts de la terre ; citoyen de la cité céleste, il ne saurait être citoyen de la cité terrestre, c'est un « émigré à l'intérieur ». Nous répondons à cela que nous ne pouvons être citoyens de la cité céleste qu'à la condition de servir Dieu, par conséquent de remplir tous nos devoirs et nos devoirs civiques sont des devoirs au même titre que tous les autres. Pour réfuter pratiquement l'objection il nous faudra en outre montrer que les catholiques sont les premiers au devoir civique comme au devoir religieux.

Mais notre devoir civique ne consiste pas seulement à obéir aux lois, à payer l'impôt, à nous acquitter du service militaire, à bien voter nous-mêmes, il consiste encore à travailler de tout notre pouvoir à la prospérité du pays, à la diffusion de la justice, à l'établissement de la paix. Or, il faut pour cela que nous comprenions quel est l'état social sur lequel nous voulons agir. Nous sommes en démocratie. Qu'est-ce qu'une démocratie ? Notre éducation sur ce point a peut-être été négligée. Nous connaissons l'état d'âme d'un Grec, d'un Romain, peut-être d'un Français du temps de Louis XIV, qui donc a songé à nous décrire l'état d'esprit d'un paysan, d'un ouvrier français en cette année même 1897? Essayons de nous en instruire.

Une démocratie en effet n'est pas seulement constituée par un certain nombre de lois organiques rédigées par de solennels jurisconsultes, imprimées dans des Codes et plus ou moins respectées par des assemblées et par des ministres. La constitution démocratique crée un état d'esprit qu'il importe de connaître si l'on veut agir sur ses concitoyens. Un citoyen de la République française ne saurait ressembler, ne ressemble pas à un vassal du duc de Bourgogne au xv° siècle ou à un sujet de Louis XIV.

L'essence d'une démocratie consiste en ce que les lois civiles, au lieu d'être l'expression d'une seule conscience individuelle supposée plus éclairée, plus représentative que toutes les autres, émanent au contraire plus ou moins directement de la conscience de tous. C'est à dessein que j'emploie le terme *conscience* à la place du terme *volonté* dont on se sert ordinairement. Je ne crois pas qu'aucune volonté humaine mérite d'être appelée « législative ». Ce n'est pas la volonté nationale qui fait la loi, ni surtout qui doit la faire.

Le peuple dans une démocratie n'est pas plus souverain et ne doit pas l'être davantage qu'un roi dans une monarchie. La seule souveraineté véritable est celle des exigences de la vie nationale. Ce qui revient à dire que Dieu seul, qui a fait ces exigences et les lois selon lesquelles elles peuvent être satisfaites, est le véritable souverain (1). La démocratie suppose donc que chaque citoyen peut distinguer dans sa conscience ce qui appartient à la conscience individuelle et ce qui appartient à la conscience nationale, en termes ordinaires, qu'il peut distinguer le bien particulier, son intérêt, du bien public. Le vote du citoyen ne fait que refléter les affirmations ou les négations de la conscience nationale dans la conscience individuelle.

C'est pour cela que le but principal de l'éducation dans une démocratie doit consister dans l'éducation civique qui forme la conscience nationale dans la conscience individuelle et en donne

(1) Il y a donc une *volonté* qui pose les lois, les lois sociales comme les autres, c'est la volonté de Dieu ; mais le dépositaire du pouvoir social, s'il veut justement légiférer, loin de faire un acte de volonté propre, ne doit employer sa volonté qu'à supprimer ce qu'elle a d'individuel et conséquemment de volontaire pour suivre, en édictant sa loi, les lumières et les ordres de la raison. — Ceci, pour expliquer la pensée du texte à un théologien qui avait bien voulu la juger « erronée et dangereuse », sans, je pense, l'avoir comprise.

6

le clair sentiment. Il faut soigneusement distinguer cette conscience profonde de la vie nationale des poussées de l'égoïsme ou des suggestions artificielles des opinions abstraites et théoriques. Il est assez facile de discerner les inspirations sophistiques de l'égoïsme, il est plus délicat de distinguer de l'opinion la conscience véritable. Cependant c'est la conscience qui doit juger nos opinions et non pas nos opinions qui doivent juger la conscience. La conscience nationale est en nous le vif sentiment de la vie profonde de la nation. Il y a un quelque chose qui en certaines circonstances fait vibrer notre âme à l'unisson de toutes les autres. C'est ce que j'appelle la conscience nationale. A certaines heures triomphantes ou tragiques nous découvrons, sous l'unanimité des sentiments, l'unité latente de l'âme française. Cette année même, durant les Fêtes russes, au moment de la cérémonie funèbre de Notre-Dame en l'honneur des victimes du bazar de la Charité, nous en eûmes la révélation. Et si l'orateur de Notre-Dame a, en cette circonstance, soulevé de si violentes protestations, ce n'est pas qu'il ait manqué à aucun théologique devoir, c'est parce qu'il n'a pas su mettre son âme de théologien à l'unisson du cri de la conscience de tous. Lorsqu'en revanche, quelques jours après, un politicien sectaire voulut accuser les catholiques de fanatisme, il mit sa parole au service d'une opinion également opposée à la conscience française puisqu'il rompait l'unanimité des âmes.

Voilà donc ce qu'est le citoyen dans une démocratie. Il est le dépositaire des sentiments nationaux, il manifeste les attractions ou les répulsions naturelles de la vie totale de la nation. Chaque voix civique exprime à sa manière cette vie, c'est de l'ensemble des voix que doit résulter la direction.

Pénétré de son importance, imbu d'une telle responsabilité, le citoyen doit avant tout redouter deux choses : qu'on attente à la liberté de son esprit, à l'indépendance de sa conduite politique. De là les deux caractères bien connus du démocrate, du républicain : la fierté du caractère, l'amour de la liberté. Je sais tout ce que l'on va me dire, que l'amour de la liberté c'est l'amour de la licence et que la fierté du caractère n'est que de l'orgueil, de l'envie, de la haine pour toutes les supériorités. Mais dire cela au fond qu'est-ce que c'est dire? C'est dire que la démocratie risque de tourner en démagogie. Certes nous nous en doutions un peu comme nous savons que la monarchie peut tourner en despotisme et en tyrannie. Nous savons tous que Louis XV a succédé à Louis XIV.

Donc quand on nous dit, ainsi que l'a fait récemment le duc de Broglie (1), que l'on peut bien concevoir une démocratie, une république respectueuse de tous les droits, des droits de la conscience religieuse comme de tous les autres, mais qu'en fait une telle république n'existe pas, qu'il y a deux sortes de démocratie, l'une, idéale, abstraite, pur être de raison qui peut avoir toutes les qualités qu'on lui prête ; l'autre, réelle, concrète, en chair et en os, quelquefois en uniforme, qui est manifestement oppressive de la conscience catholique ; et lorsqu'on ajoute avec le noble académicien que l'on ne peut se rallier à la première qui n'existe pas, mais seulement à la seconde qui est réelle, et qu'on insinue par là, si l'on ne le dit pas expressément, que, pour un catholique, adhérer à la démocratie française c'est véritablement se résigner à toutes les oppressions et en quelque sorte apostasier, nous avons le droit de répondre qu'il ne dépend que de l'effort commun des bons citoyens de réaliser la république idéale, de subs-

(1) *Revue des Deux-Mondes*, 15 mai 1897. — *L'Église et la France moderne.*

tituer le régime du droit pacifique, où pourra se reposer la conscience nationale, au régime de l'oppression qui déchire le pays et qui divise les âmes. Nous ne songeons donc pas à nous rallier à la démagogie, nous voulons lui substituer la véritable démocratie. C'est pour cela que nous travaillons. Au lieu de poursuivre l'impossible tâche de relever un trône, ce qui d'ailleurs ne changerait rien à rien, attendu que ce qui est malade en France resterait malade et qu'au lieu des maux actuels nous en aurions d'autres ou peut-être les mêmes sous d'autres noms, nous poursuivons la tâche très nette, très exactement délimitée de ramener la démocratie à ses origines, au respect de la justice et des droits de la conscience. Ce qu'il faut restaurer c'est l'âme française. Une fois cela fait, tous les gouvernements pourront faire du bien et durer. Sans cela aucun ne sera durable et ne pourra rien faire de bien. Autant donc, puisque aussi bien nous sommes en république, faire l'économie d'une révolution.

C'est par le dedans qu'il faut opérer cette restauration des âmes, ce n'est pas du dehors que l'on pourra l'imposer. Et si la souveraineté du peuple a un sens antichrétien, rien au contraire n'est plus chrétien que cette théorie démocratique de la conscience nationale vivant en chacun des citoyens et s'exprimant par sa voix. Car pour la découvrir il faut se renoncer soi-même, écouter en dehors des théories les voix profondes et simples et redevenir enfant. Or, il est écrit : « Nul « n'entrera dans le royaume des cieux s'il ne se « fait semblable aux petits enfants. » Il faut avoir le courage de ses actes et donc penser, comme il est encore écrit, qu'il « vaut mieux obéir à Dieu « qu'aux hommes ». Ainsi les caractères du vrai démocrate sont des caractères qui conviennent au chrétien.

Quand nous nous serons fait, par l'intelligence de ce que doit être une vraie démocratie, une âme démocratique, nous aurons la qualité principale pour agir. Nous aurons une part de l'âme commune avec l'âme populaire. Par le développement que nous aurons donné en nous à la conscience nationale, par la simplicité que nous aurons retrouvée, nous nous serons fait une âme toute pareille à l'âme du peuple en ce qu'elle a de foncièrement bon et de vraiment national. Nous participerons à l'optimisme obstiné qui est au fond des natures simples. Les plus malheureux, les plus laborieux sont peut-être ceux qui aiment le plus la vie. Ils lui trouvent malgré tout une saveur attachante. C'est pour cela que seuls les optimistes peuvent avoir prise sur les cœurs simples. Les méprisants, les dédaigneux, les contempteurs, les perpétuels critiques, d'un seul mot les négatifs, sont des gens qui, malgré toute leur valeur et leur haute distinction, n'ont jamais eu d'action sur le peuple. Leurs qualités les plus rares ont nui à leur influence. Le peuple ne comprend rien aux récriminations stériles, il n'écoute que ceux qui ont des idées claires, un plan positif et simple, que ceux qui lui montrent nettement ce qu'il y a à détruire ou à édifier. C'est à cette cause que l'on peut, sans crainte de beaucoup se tromper, rapporter la perte constante de l'influence des conservateurs. Seuls les hommes de gauche ont bien su ce qu'ils voulaient, et quand les hommes de droite ont eu quelque idée nette et positive, ils sont parvenus aussi bien à la faire triompher. Par exemple la liberté d'enseignement et un certain nombre de réformes sur le travail des ouvriers. Le peuple n'écoute que ceux qui croient à la vie, par conséquent au progrès, à la possibilité du mieux. Les geignards et les pleureurs qui ne savent que décourager n'ont aucune action sur lui. Il ne comprend la critique que sous la forme d'une substitution ou d'une révolution.

Nous serons donc optimistes. Nous croirons à la vie et à la possibilité du progrès. Nous penserons que « Dieu a fait les nations guérissables » et que nous pouvons substituer à l'esprit dogmatique l'esprit démocratique, la justice à l'égoïsme, des sentiments vraiment nationaux à des opinions étroites et bâties en l'air, de la vie et de la santé enfin à des théories malsaines et mortifères.

Et nous aurons de l'estime par conséquent pour nos concitoyens, nous aurons bon espoir en leur intelligence et leur bonne volonté. Celui qui veut agir doit se défaire de cet aristocratique et très injuste dédain que l'on professe d'ordinaire pour le suffrage universel. Mépriser le suffrage universel, c'est, au fond, mépriser ceux qui l'exercent, c'est-à-dire nos concitoyens, nos frères. Pourquoi les juger d'emblée incapables de comprendre et de juger de façon désintéressée? Ils se sont trompés, certes nul ici ne l'osera nier, mais qui donc s'était donné la peine de les éclairer, j'entends de se mettre à leur portée et de leur parler comme il eût fallu? On n'a su que flatter le peuple ou l'injurier, deux façons également infaillibles de l'égarer. Il fallait au contraire travailler à l'élever, faire son éducation civique. Et comment peut-on entreprendre une éducation, comment peut-on y donner le moindre effort quand on commence par se persuader qu'on ne pourra rien tirer du sujet qu'il faut élever? Ici encore, à la place du pessimisme et du dédain, il fallait de l'optimisme et de l'estime. C'est cette estime qui, si elle est vraie, se fera sentir et qui pourra nous permettre, à nous qui ne voulons pas être les flatteurs du peuple, de nous faire entendre à lui et même de le convaincre. C'est à nous de savoir montrer que nos paroles moins douces que d'autres témoignent de plus d'estime. Il y a dans l'âme du peuple un sentiment naturel de la justice qui, tout dévié qu'il ait été et quelles que soient les habitudes fâcheuses qu'on lui ait fait prendre, subsiste vivant encore.

Mais il est nécessaire que le peuple sente l'estime en ceux qui lui parlent. Il ne demande pas qu'on s'humilie devant lui, mais il ne tolère pas l'insolence et le dédain. Il n'exige pas qu'on lui parle à genoux comme on parle aux rois, mais il veut qu'on lui parle avec le respect qu'un homme doit à des hommes. Les conservateurs — conservateurs de quoi et de qui? — se plaignent que le peuple ne les ait pas voulu suivre. Sur quel ton lui ont-ils parlé? Et comment aurait-on trouvé pour cela le ton convenable quand au fond du cœur trop souvent on ne nourrissait que des sentiments de hauteur ou de dédain?

Je sais bien qu'on m'objectera que beaucoup parmi les hommes qui ont perdu la confiance du pays étaient des hommes très charitables, qu'ils aimaient véritablement le peuple et ne le méprisaient point. Je l'accorde très volontiers. Seulement on me permettra de dire qu'ils l'aimaient à l'ancienne mode et non pas du tout de la façon qui seule sur les démocrates peut produire quelques effets. L'amour en effet peut prendre diverses formes qui ne sont pas toutes également agréables pour ceux qui en sont l'objet. Il y a un amour aristocratique et un amour démocratique. L'amour aristocratique aime de loin et de haut, il est très estimable peut-être aux yeux de ceux qui le donnent; il est, soyez-en sûrs, très déplaisant pour la plupart de ceux à qui il s'adresse. L'amour démocratique aime de plain pied; il ne croit pas du tout faire une grâce à celui qu'il aime, mais lui rendre ce qui lui est dû. Et je crois bien que c'est en celui-ci que consiste la charité véritable, le vrai sentiment chrétien. Le chrétien est humble, et donc ne s'estime pas plus que les autres, et donc n'aime pas de haut. Si élevé qu'il puisse être, il regarde au contraire comme une grâce qu'un autre homme veuille bien se laisser aimer.

Mais, dira-t-on, n'y aura-t-il donc plus de rangs sociaux et la démocratie exige-t-elle l'universel et l'injuste nivellement? Ce n'est pas ce que je veux dire. Je veux dire que ce n'est pas au moment où l'on veut prendre contact qu'il convient de se souvenir des rangs sociaux et que l'on devrait peut-être attendre que les autres s'en souviennent avant de vouloir soi-même marquer les distances de haut en bas. Je n'aime pas ceux qui parlent sans cesse de leur amour pour les « humbles ». Nous sommes tous des petits et nous devrions être des humbles. Si l'on veut inspirer aux autres l'humilité, qu'on commence donc par la pratiquer soi-même. Il sera toujours temps de rappeler la hiérarchie quand il faudra exiger l'obéissance. En attendant, c'est le respect seul qui inspire le respect.

Nos façons de parler et d'agir sont souvent humiliantes. Nous regardons le peuple comme un éternel enfant. Le serait-il qu'il faudrait le traiter d'autre façon. Tous les pédagogues savent que le meilleur moyen pour obtenir de l'enfant des actes virils c'est de le traiter en homme. Mais nous avons, nous, catholiques, en particulier, la coutume de regarder le peuple comme un enfant qui ne saura jamais se conduire. Nous voulons le garder en nourrice et en tutelle. Nous voulons sans cesse le protéger. Ce que nous faisons pour le peuple, nous le faisons d'ailleurs aussi pour nous-mêmes. Nous demandons sans cesse des ordres, et quand on nous donne des directions, nous réclamons des consignes. Ce n'est pas ainsi qu'il faut faire. Il faut étudier la loi, comprendre la loi, se pénétrer des directions générales données par les chefs, se faire une âme semblable à la leur et puis marcher hardiment, toujours prêts à revenir en arrière si l'on nous rappelle, à obéir, s'il le faut, mais sans exiger qu'on nous marque et fixe d'avance la place de chaque pas. Rien n'est moins démocratique que le manque d'initiative. La démocratie suppose le peuple majeur. Vous dites qu'il ne l'est pas. Préparez-le donc à son émancipation. — Il fera des sottises.. — Les rois n'en ont-ils point fait et pensez-vous vraiment que les guerres de Louis XIV ou de l'Empire n'aient pas coûté du sang et des larmes ?

Aimons donc le peuple, estimons le peuple, et ayons confiance en lui, non pas une confiance aveugle et illimitée qui confine à l'adoration, mais cette confiance très critique et très limitée qui fait qu'on voit les erreurs, mais qu'on espère en celui-là même qui se trompe qu'il aura la force de se redresser.

Par là nous serons délivrés de la tentation d'imposer nos vues et de faire le bonheur des gens malgré eux. C'est que les méthodes du gouvernement démocratique sont très différentes des méthodes des autres gouvernements monarchiques et aristocratiques. Dans ces gouvernements, le commandement ne fait que descendre et que s'imposer. Dans une démocratie, le commandement sort d'abord du peuple sous la forme de l'élection, puis redescend sous la forme de la loi. C'est ainsi le peuple qui se commande à lui-même, et le circuit constitue ce que les philosophes appellent une autonomie. Les logiciens déclarent ce système absurde et prétendent qu'il ne peut donner naissance qu'à l'anarchie avec le despotisme et la tyrannie pour contrepoids. Et cela est vrai si l'on regarde la loi comme une émanation de la volonté, de la souveraineté du peuple, mais cela ne l'est plus si l'on considère, ainsi que nous l'avons fait, que le peuple pour nommer le législateur doit puiser ses inspirations dans le sentiment qu'il a de la conscience nationale et non pas dans son caprice, que le législateur à son tour doit, en édictant la loi, faire acte de raison bien plus que de volonté. Ainsi l'autonomie démocratique, de même que la véritable autonomie morale, ne consiste pas à faire la loi par un acte arbitraire de volonté, mais à reconnaître en soi-même et à constater son existence et à s'y soumettre ensuite.

La véritable autonomie morale et sociale n'est donc pas anarchique, elle revêt au contraire la conscience, en qui elle réside, d'une incomparable dignité. Les temps de la contrainte extérieure et brutale sont passés. Il n'y a de durable, de normal, d'organique que l'obéissance aux lois que la conscience a préalablement acceptées, dont elle a reconnu la justice et la raison d'être. Par là s'explique l'erreur de méthode de tous ceux qui, parmi les conservateurs, ont voulu imposer de force l'ordre moral. Ils ont prétendu édicter des lois de contrainte avant d'avoir informé et éclairé les consciences. Ils ont voulu imposer les lois avant d'avoir préparé les volontés à l'acceptation de la loi. Les volontés se sont cabrées ou leur ont glissé hors des mains.

Il faut renoncer à ces méthodes. Outre qu'elles ont quelque chose de violent qui ne s'accorde guère avec le véritable esprit chrétien, elles sont et seront de plus en plus inefficaces. Seule la persuasion désormais pourra réussir. Et ne nous en plaignons pas, car la dignité de l'homme consiste précisément à ne pas être mené comme les brutes à coups de trique, mais à être dirigé par les sentiments et par la raison. C'est pour avoir traité le peuple avec trop peu de ménagement et de respect que l'ancien régime s'est perdu. L'obéissance facile des sujets a rendu les monarques insolents. Ils ont négligé d'expliquer la raison de leurs ordres et de leurs lois; le peuple, enfin, n'a plus senti que le poids de l'autorité sans pouvoir en découvrir les raisons. Quoi d'étonnant que, sous la suggestion de meneurs habiles, il se soit insurgé et révolté?

Donc nous ne réussirons à faire accepter au peuple que ce que nous lui aurons fait sentir ou comprendre comme bon. Les catholiques ont à entreprendre une véritable éducation civique du peuple. Eux seuls peuvent le faire avec suite et sans flatterie. Car eux seuls ont les principes qui peuvent empêcher la démocratie de verser dans la démagogie. Il faut donc aller au peuple et parler au peuple.

Comment lui parler? — Le peuple, le peuple de France, en particulier, se divise en trois grandes

catégories : les paysans, les ouvriers urbains et,
entre les deux, les ouvriers ruraux, tailleurs, cor-
donniers, charrons, forgerons, etc. Le paysan est
peu accessible aux théories, il est ombrageux, ne
comprend guère que le conseil immédiat et pratique ; il est difficile de l'atteindre si on ne vit pas
à la campagne d'une façon presque continue. Cependant on peut se concilier sa confiance en lui
parlant de ses intérêts, de ses cultures, de son
budget communal. Une fois sa confiance gagnée
par des conférences ou plutôt par de simples en-
tretiens sur ces sujets, on sera autorisé à en aborder d'autres d'un ordre plus général et enfin, aux
moments critiques, le conférencier qui, pendant
deux ou trois ans, se sera donné la peine de venir
périodiquement, de mois en mois ou de deux
mois en deux mois, dans le même chef-lieu rural,
pourra aborder les sujets brûlants. Mais, vis-à-vis
du paysan, rien ne remplace la conversation individuelle, d'homme à homme, engagée au coin du
feu, au détour du chemin, au bord des champs
ou à la lisière d'un bois. Très peu d'hommes
parmi ceux des villes sont capables d'un pareil
apostolat.

La parole publique agit davantage sur les ouvriers ruraux. Leur contact plus ou moins pro-

longé avec les ouvriers des villes les a rendus plus aptes à saisir les théories, les raisonnements quelque peu abstraits. Ils sont demeurés accessibles aux grands sentiments nationaux. Il leur est resté quelque chose du passage à la caserne. D'un autre côté, ils sont admirablement placés pour exercer sur le paysan, leur voisin, une influence de tous les instants. C'est par eux que peut se propager un apostolat. En fait c'est par eux que se font dès maintenant la plupart des élections. Des conférences bien organisées dans les campagnes, revenant à intervalles périodiques et assez rapprochées, habilement graduées, peuvent renouveler en ces ouvriers et par eux tout l'esprit public rural. En vérité la place est à prendre. Elle appartiendra à ceux qui auront le plus d'initiative, le plus d'esprit de suite et le plus de dévouement.

Il reste peu de chose à dire de l'ouvrier des villes. Celui-ci est habitué à l'usage et à l'abus de la parole publique. On ne l'atteindra que par la critique de ce que l'on veut détruire. Avec lui il faut user des méthodes socratiques. Il faut lui faire voir à quel point on l'a trompé. Puis, au lieu de lui proposer dogmatiquement les idées que l'on veut mettre à la place de celles que l'on a ébranlées ou déracinées, il convient de procéder

7

par voie d'investigation, de recherches, comme
si on allait à la découverte, faire en sorte que son
esprit devance votre parole et qu'il découvre vos
conclusions avant même que vous les ayez énon-
cées. L'esprit de l'ouvrier n'est pas peut-être très
étendu, mais il est singulièrement net, perspicace,
pénétrant, logique. Une fois en possession d'idées
qu'il aura ainsi découvertes spontanément, il s'y
attachera et vous n'aurez pas de plus ardent apôtre
que l'ouvrier lui-même. C'est ce que M. Harmel a
si admirablement vu quand il a proclamé l'excellence de l'action du semblable sur le semblable,
l'apostolat de l'ouvrier par l'ouvrier.

Et ainsi, peu à peu, nous arrivons au terme de
l'esprit démocratique. Car cette éducation civique
du peuple une fois achevée, le peuple sera bien
près de savoir se conduire lui-même. C'est par
une sorte de condescendance que la bourgeoisie
veut maintenant aller vers le peuple ; il est plus
que probable que d'ici peu d'années, cette condescendance même n'aura presque plus lieu d'exister.
Les différences sociales s'amoindrissent et s'amoin-
driront encore. Le nivellement absolu rêvé par les
utopistes ne se réalisera jamais ; il y aura toujours
une hiérarchie, mais une hiérarchie plus souple,
plus flexible, avec moins de distance d'un extrême

à l'autre et beaucoup moins de cloisons étanches. Les compartiments sociaux et la sotte manie de « ne pas voir » ceux que nous croyons au-dessous de nous subsistent encore dans la pratique et à tous les degrés, mais en même temps il n'est pas un seul d'entre nous qui ne s'indigne et ne trouve injuste qu'on l'exclue du compartiment immédiatement supérieur. Aristocrates vis-à-vis de nos inférieurs, nous sommes démocrates vis-à-vis de nos supérieurs. Mais tout cela est du sentiment et de la routine, nous en reconnaissons nous-mêmes l'injustice et le ridicule. Dans le fond et de plus en plus l'idée de classe tend à disparaître. Il y en a qui en gémissent. Je ne vois pas pourquoi nous nous en plaindrions. Si vraiment nous sommes des démocrates, si nous avons l'âme véritablement démocratique, nous devrions plutôt nous en réjouir.

Et qu'on ne nous dise pas que ces idées démocratiques sont, en quoi que ce soit, contraires au christianisme. Elles sont toutes fondées sur le respect que nous devons aux autres hommes, sur l'intime persuasion où nous sommes de leur égalité essentielle par rapport à nous. Ainsi nous nous conformons à l'évangélique parole, nous les traitons comme nous voudrions être traités nous-mêmes, nous voyons en eux des frères et non pas du tout des inférieurs. Si Jésus a dit qu'il ne nous regardait pas comme des esclaves, mais comme des amis, que devons-nous dire, nous tous, des frères qu'il nous a donnés? Et quant à ce sentiment démocratique qu'on peut bien obéir à la loi et qu'on doit le faire avec empressement, mais qu'il n'est pas digne d'un homme de se courber sans raison sous la volonté d'un autre homme, n'est-ce pas respecter en soi cette « sainte liberté des enfants de Dieu » dont parlait l'Apôtre, n'est-ce pas proclamer que l'on ne reconnaît d'autre maîtrise que celle de Dieu, d'autre souveraineté que celle du Roi des cieux? Y a-t-il là autre chose qu'un pur sentiment chrétien? Travailler à l'éducation démocratique du peuple, c'est travailler à son ascension sociale, à son ascension morale, c'est donc travailler à développer en chacun des hommes ce qu'il a en lui de meilleur et de divin. Quelle besogne peut être plus belle pour un chrétien! Mais pour cela il est indispensable de se donner à soi-même une âme démocratique et non pas seulement d'aimer le peuple, mais de comprendre la démocratie, d'en réaliser en soi les mâles vertus et l'austère conception. Catholiques, éternels citoyens de la république chrétienne,

gratifiés par Dieu de la raison, appelés par lui ses
enfants et ses amis afin que nous puissions conserver dans l'obéissance même la dignité de l'autonomie morale, pénétrons mieux l'essence de la
religion que nous professons et par cela même
que nous serons d'excellents citoyens de la république chrétienne, aspirant avec plus d'ardeur à la
cité éternelle, nous serons les plus actifs citoyens
de cette cité terrestre et de la république française.

15 Juin 1897.

II

LE SENS CATHOLIQUE ET SON IMPORTANCE SOCIALE

Le christianisme dans sa forme pleine, dans le catholicisme romain que nous professons, s'empare de l'homme entier : du cœur, de l'intelligence, de la volonté. Il pénètre l'âme par toutes ses facultés, il formule des règles qui prescrivent même des actions du corps. De là résulte une attitude spéciale du catholique devant la vie. Mais précisément parce que le catholicisme est très complexe, ne négligeant aucune de nos puissances pour les adresser au divin service, il est assez difficile de garder partout l'exacte mesure : si vous accordez trop d'attention aux pratiques corporelles, vous risquez de perdre l'esprit, de tomber dans la dévotion extérieure, dans le pharisaïsme, dans la superstition ; si vous négligez le corps, il y a danger que vous ne sachiez plus le réduire et qu'il se cabre contre votre volonté : si vous prétendez ne vous fier qu'à votre sens intérieur, vous versez dans le protestantisme ; si vous ne vous en rapportez qu'à l'autorité, vous risquez de ne plus

vivre que par le dehors, et la véritable vie se
trouve au dedans. Ainsi, pour être un vrai catholique, il faut avoir du catholicisme à la fois une
connaissance précise et un sens exquis. Le sens
et une instruction sommaire peuvent suffire à
ceux qui n'ont dans le monde d'autre charge que
celle de se conduire eux-mêmes. Mais la connaissance approfondie est indispensable à tous ceux
que les bontés de la Providence ont fait naître
dans ces rangs sociaux où l'on dispose actuellement d'une force d'influence, où par conséquent
l'on a le devoir de mettre au service de ses frères
et de ses concitoyens la force dont on dispose
pour leur donner et le conseil et l'exemple.

Or je crois qu'il y en aura bien peu pour me
contredire si j'avance que les catholiques qui prétendent exercer une action sociale et qui s'en
vont répétant que le retour au catholicisme
peut seul produire le salut social, sont souvent
eux-mêmes bien peu instruits de ce catholicisme
qu'ils voudraient prêcher et où ils assurent —
avec raison d'ailleurs — que se trouve la panacée
morale du monde en général et de notre pays en
particulier. Combien même parmi eux qui manquent du sens catholique, de ce sens exquis dont
je parlais tout à l'heure qui s'occupe du corps

sans négliger l'âme, qui prend la lettre pour le moyen de l'esprit, qui sait garder la liberté intérieure et cependant être docile vis-à-vis de l'autorité !

Si l'on veut bien remarquer en effet quelles sont les raisons que l'on invoque parfois pour vanter le catholicisme ou pour le combattre, il est facile de voir que ces raisons supposent une méconnaissance plus ou moins complète de l'harmonie véritable du catholicisme. Les uns nous disent avec un académicien célèbre qu'il faut que la foule du moins, sinon les lettrés, revienne au catholicisme, parce que le catholicisme est avant tout un « gouvernement ». Beaucoup de catholiques ont applaudi à cette parole, et ont par là singulièrement déformé l'idée pure de l'autorité doctrinale dans l'Église. Il semble en effet à beaucoup de gens du dehors — et du dedans — que les décrets doctrinaux soient semblables à des ordonnances législatives, à des prescriptions, à des consignes de la pensée. Auparavant vous pensiez sur ce point de telle façon, désormais vous penserez selon la formule. Par exemple, vous ne croyiez pas à l'Immaculée-Conception, désormais vous y croirez. Mais quiconque a étudié ces matières, pour peu qu'il ait bien voulu s'y appliquer, sait très bien que les choses ne se passent pas ainsi, qu'un décret doctrinal, loin d'innover et d'imposer des formes nouvelles de la croyance, ne fait que constater leur existence générale, traditionnelle dans l'Église ; ces décrets définissant donc une croyance déjà existante, la délimitent, la précisent de façon claire, mais ne la créent pas. Voilà exactement ce que vous croyiez, disent-ils à la masse des catholiques, voilà ce que croit l'Église, ce qu'elle a toujours cru de façon au moins implicite, ce qu'elle professera expressément désormais. C'est un acte de l'organe de la conscience sociale de l'Église qui centralise, précise en une formule les sentiments diffus dans l'espace et dans le temps. Rien ne ressemble moins à ce que l'on appelle d'ordinaire un acte de gouvernement. Que plus tard, pour garder l'intégrité du dogme, le pouvoir exécutif et le pouvoir judiciaire s'exercent dans l'Église comme dans tous les autres gouvernements, on ne saurait le nier, mais à l'origine le pouvoir dogmatique et moral véritablement législatif a un mode d'exercice tout à fait original. Il n'ordonne pas de croire, il constate que l'on croit. Et ainsi, ni les conciles, ni les Papes ne définissent aucun dogme qui n'ait été d'abord présent de façon ou d'autre dans la conscience des vrais croyants unis par la grâce à l'âme immortelle de l'Église.

Cela même permet de répondre aux adversaires qui nous plaignent et qui s'indignent qu'une autorité extérieure vienne gouverner notre conscience et lui imposer du dehors des obligations de croire et d'agir. On représente ainsi le Pape exerçant l'autorité dogmatique comme un Louis XIV signant une ordonnance ou décrétant une mesure de police pour la pensée. Ce n'est pas là ce que nous croyons. Le Pape ne définit pas d'une façon arbitraire; le dogme qu'il déclare être la croyance universelle n'est pas à lui seulement, il est aussi nôtre, il ne le crée pas plus que le géomètre ne crée la vérité des théorèmes parce qu'il fait voir à un dessinateur empirique qu'il appliquait ces théorèmes sans s'en douter. Ainsi l'autorité de l'Église n'est pas extérieure à nos âmes. Sa foi n'est pas quelque chose d'extérieur à notre foi, sa pensée est notre pensée, sa parole est notre parole même en tant que nous sommes catholiques, et donc nous ne sentons pas dans son gouvernement l'autorité extérieure et tyrannique que l'on croit y découvrir, et par conséquent nous n'éprouvons vis-à-vis de ce gouvernement aucun des sentiments de servile et lâche soumission que l'on nous reproche, et dont on nous plaint. En suivant la voix des pasteurs et en particulier du pasteur suprême, nous n'abdiquons pas notre conscience, nous ne faisons qu'en reconnaître la voix plus intelligible et plus claire.

Voilà, en un bref exemple, comment le dogme bien connu et bien compris nous met à l'abri de l'aide dangereuse d'imprudents amis aussi bien que de l'attaque des ennemis. Et que de gens qui nous louent pour des caractères qu'ils croient estimables et que nous ne possédons pas ! Que d'autres nous blâment pour des défauts que nous n'avons pas davantage ! Dans l'état social critique où nous sommes, deux tendances déchirent le monde : une tendance à la liberté par horreur des anciennes tyrannies, une tendance à l'autorité par crainte de l'anarchie, par lassitude des stériles agitations. Les amis de l'autorité ont en général pensé qu'il fallait avoir l'Église avec soi. Napoléon voyait dans le prêtre une sorte de gendarme moral en soutane ; M. Brunetière admire dans le catholicisme un gouvernement. De leur côté et par contre-coup, les libéraux et les révolutionnaires haïssent l'Église, précisément à cause des caractères que vantent en elle les hommes d'autorité.

Ces deux conceptions sont toutes les deux également fausses, également dangereuses pour l'Église, également nuisibles à la société civile. Certes il semble que ceux qui veulent s'appuyer sur l'Église doivent recueillir plutôt nos suffrages. Prenons garde cependant qu'à leurs yeux le catholicisme ne soit qu'un moyen, et que loin de songer à réformer la société d'après les idées du catholicisme, ils prétendent soumettre le catholicisme à l'idée qu'ils se sont faite de la société. Or, il y a là un grave danger. On le vit bien sous Napoléon avec Pie VII. Et ce danger en entraîne un autre, c'est de détourner du catholicisme un grand nombre d'âmes généreuses qui ne sauraient se représenter la religion de Jésus, la religion de la vie intérieure et de la liberté de l'esprit comme uniquement occupée à monter la garde devant les trônes ou les coffres-forts, et qui se scandalisent de cette caricature qui coiffe le prêtre d'un bicorne, l'affuble du baudrier jaune et lui met le sabre au côté.

Certes, je crois autant que personne que le catholicisme a les paroles de la vie, que le salut social se trouve dans le retour au catholicisme, mais c'est à la condition que le catholicisme pénètre et inspire la vie sociale, que ce soit son esprit véritable qui triomphe et qu'il ne soit pas déformé, caricaturé pour être mis au service d'un autre esprit.

Et vraiment nous sommes ici au centre. Car le problème vital de nos sociétés modernes se trouve dans la manière d'établir l'accord entre des libertés devenues nécessaires et dans la discipline demeurée indispensable. Or, je ne crains pas d'avancer que le catholicisme résout ce problème d'une façon admirable que notre foi nous permet de qualifier de divine. Et c'est par là que la connaissance approfondie du catholicisme peut servir à notre pays précisément à l'heure difficile que nous traversons; car le sens de l'harmonie entre la liberté et l'autorité, quoi qu'on en pense et quoi qu'on en dise, c'est le sens catholique même. Aucune démocratie ne peut vivre, je ne dis pas : si tous les citoyens ne professent expressément le catholicisme, je dis : si, de façon ou d'autre, elle n'a pas l'esprit du catholicisme. C'est donc à nous qu'il appartient de répandre autour de nous et de faire rayonner cet esprit. Et pour cela il est nécessaire que nous augmentions en nous-mêmes sa vigueur par l'étude, par la connaissance des dogmes.

Si l'on veut bien en effet jeter un coup d'œil

sur la constitution du catholicisme, on s'apercevra bientôt qu'il y a dans notre religion deux choses : une âme et un corps, un esprit et une manifestation hiérarchique et extérieure de cet esprit, en deux mots brefs et nécessairement incomplets : l'Évangile et l'Église.

Que nous dit l'Évangile ? — Que la charité est toute la religion, la loi et les prophètes, qu'il faut adorer le Père en esprit et en vérité, que les formules de prières importent peu, mais que c'est la disposition de l'âme seule qui a du prix, que ce qui souille l'âme ce ne sont pas les manquements aux pratiques extérieures, mais que ce sont les mauvais mouvements du cœur, qu'il ne faut appeler personne maître et qu'il n'y a qu'un seul maître qui est Dieu.

Et maintenant que nous dit l'Église ? — Que la charité ne peut selon les voies ordinaires être obtenue que par une série de pratiques et d'observances, que l'extérieur doit être réglé si l'on veut que l'intérieur soit pacifié, que donc il faut observer les lois extérieures. L'esprit ne va pas sans la lettre, les pensées s'évaporent si elles ne se précisent pas en formules, et pour servir le Maître divin il faut accepter la direction de ceux auxquels il a confié de paître les âmes.

Il n'y a évidemment aucune contradiction entre ces deux sortes de langage. Il faut reconnaître cependant qu'ils ne rendent pas tout à fait le même son. Les deux voix sont d'accord sans doute, mais elles ne chantent pas à l'unisson. Rien n'est facile comme de transformer cette différence en contradiction et les adversaires du catholicisme ne s'en privent pas (1). Ce sera un des premiers fruits de l'étude approfondie de la religion que de montrer l'accord et d'exorciser l'apparence même de contradictions.

Mais cette étude aura un autre résultat plus important encore, s'il est possible, un résultat que l'on peut appeler social. Car elle nous fera comprendre pourquoi le son des paroles évangéliques diffère de celui des enseignements de l'Église. C'est que le Maître divin dans son court passage ne voulut enseigner que l'essentiel de la vérité, les éléments fondamentaux de la foi. Pour le reste, pour l'enseignement complet, pour l'adaptation des principes aux contingences historiques, il annonçait après lui la venue du Paraclet qui devait « enseigner toute vérité ». Or, quelle est la

(1) Cf. *La Quinzaine*, 15 mai 1897. — *Les Révélations de la conscience moderne.*

révélation essentielle du christianisme, le sens profond de la Révélation évangélique? C'est que le royaume des cieux réside au dedans de nous, qu'il est de nature personnelle, qu'il ne dépend que de la grâce de Dieu et de notre propre volonté. Le salut est en nous, il se trouve dans la pureté du cœur, dans la simplicité, la douceur, l'humilité, l'attachement à l'Éternel, dans l'amour du Père céleste. C'est par là que l'Évangile a établi la suprême dignité de l'homme « placé tout juste « au-dessous des anges ». C'est par là que la personne humaine a revêtu une incomparable grandeur. Fils de Dieu, racheté du sang d'un Dieu, chaque homme vaut plus qu'un monde, sa valeur dépend de Dieu sans doute, mais aussi de ses efforts personnels. C'est pourquoi le chrétien devra bien vénérer les puissances « instituées par « Dieu pour le bien », mais en leur obéissant il n'obéira pas véritablement aux hommes, mais uniquement à Dieu. Car « tout pouvoir a une « origine divine ». C'est de l'Évangile que date la conscience que l'homme a prise de sa valeur, c'est cette parole : « Rendez à César ce qui est à César, « et à Dieu ce qui est à Dieu », et cette autre : « Il « vaut mieux obéir à Dieu qu'aux hommes », qui ont été les ferments de toutes les aspirations de l'âge moderne, le levain fécond de toutes les vraies libertés.

Par là, le catholicisme qui se base sur l'Évangile est admirablement adapté à nous faire comprendre l'esprit moderne. Car ce culte de la personne humaine qui, en dehors des voies catholiques, a abouti dans tous les domaines de la pensée et de l'action à l'anarchie, à la révolte, à l'égotisme et à l'égoïsme, n'est que l'exagération, la déformation d'une pure vérité. Nous avons une valeur individuelle, nos actes ne valent pas sans l'intention intérieure que nous leur donnons, c'est par notre pensée que nous jugeons de toutes choses, c'est d'après notre conscience que nous devons nous conduire, ce n'est pas par la contrainte que l'on peut agir sur ce qui fait notre valeur véritable, il faut donc pour changer notre pensée s'adresser à notre pensée et pour diriger notre conscience s'adresser à notre conscience.

Mais nous ne sommes pas des êtres solitaires et isolés. Par cela même que nous avons un Père qui est dans les cieux, nous avons aussi des frères. Nous vivons au milieu de la fraternité humaine, nous sommes des êtres sociaux, c'est un enseignement du Maître que la prière même a une efficacité plus grande quand elle est faite en commun. Et nous pouvons voir dans l'Évangile que Jésus formait avec ses Apôtres, avec ses disciples et les compagnons de ses courses apostoliques une Église, une société véritable, où se marquait même avec un commencement de hiérarchie une division du travail, une spécialisation des fonctions. Judas avait un office particulier, et Pierre jouissait d'une évidente primauté.

L'office spécial de la hiérarchie dans l'Église a été de maintenir le contact social, en termes théologiques, la « communion » entre les chrétiens et pour cela, de définir les lois de la communion ou de la correspondance des divers organes sociaux. C'est pour cela que dans l'Église, à côté du principe intérieur de la liberté, se trouve une si admirable organisation de l'autorité. Cette autorité ne peut empêcher le jeu d'aucune liberté légitime; elle n'opprime pas, elle règle ; elle ne mutile pas la vie ou n'atrophie pas l'initiative, elle ne fait que juger de la valeur des initiatives, canaliser le mouvement de la vie. La métaphore même dont on se sert d'ordinaire exprime à merveille le caractère de l'autorité dans l'Église. Pierre, dit-on, tient le gouvernail de la barque mystique. Or, le gouvernail dirige la marche et ne fournit pas par lui-même la force de propulsion. La direction est dans la tête, la force est répandue dans tous les membres et elle vient de chaque initiative.

Regardez en effet, et vous verrez que la plupart des grands mouvements religieux, de même que les efflorescences de la sainteté individuelle, sont nés parmi les fidèles, parfois parmi les laïques, souvent chez des femmes. Ce sont des laïques qui ont donné à l'Église ses premiers moines ; c'est dans la vie laïque que saint François d'Assise et saint Ignace ont conçu le dessein de la fondation des Jésuites et des Franciscains. Pierre l'Ermite était un simple religieux, il a créé le mouvement des croisades. Sainte Thérèse, sainte Chantal, la vénérable Mère Barat, ont creusé dans le Carmel, la Visitation ou le Sacré-Cœur des réservoirs presque intarissables de sainteté et d'esprit chrétien. Ce n'est pas à Rome qu'ont pris naissance toutes les plus grandes manifestations religieuses. La procession de la Fête-Dieu, est-il dit dans les actes du concile de Sens en 1320, « semble s'être « établie en ces temps par une sorte d'inspiration « divine ». C'est saint Dominique qui a répandu le Rosaire ; c'est du cœur inspiré d'une petite visitandine qu'est sortie l'expansion du culte du Sacré-

Cœur ; c'est de la vision d'une bergerette que Lourdes est née avec son mouvement extraordinaire de pèlerins.

Voilà ce que nous fera comprendre l'étude approfondie du gouvernement de l'Église. Le respect de la conscience est si grand chez nous que, plus d'une fois, l'autorité s'arrête devant les préjugés et même devant les erreurs de la conscience individuelle, pourvu qu'ils ne risquent pas de s'étendre et de se propager, et quand on lit les conseils autorisés que la théologie donne aux confesseurs, on ne peut qu'être frappé et touché tout ensemble du respect profond qu'ils témoignent pour la vie intérieure du plus petit des fidèles. Ainsi, dans le catholicisme, les initiatives religieuses peuvent librement se développer ; l'autorité ne fait que les contrôler et elle n'avertit ou ne frappe que lorsque ces initiatives sont évidemment contraires à la conscience sociale, au développement véritable de la vie du christianisme. Ainsi, en partant de l'Évangile et du dépôt de la tradition, il s'est formé peu à peu une jurisprudence, un ensemble de règles ou de canons, qui sont les lois mêmes de la vie sociale chrétienne et auxquelles, pour conserver cette vie, tout chrétien doit se soumettre. Ce qui simplement veut dire que la conscience individuelle a toute liberté de se mouvoir jusqu'au moment où elle viendrait à contredire la grande conscience sociale.

A ce moment l'autorité intervient. Mais alors seulement.

C'est ainsi que se trouvent admirablement conciliées dans l'Église et l'autorité et la liberté. La conscience personnelle, convenablement informée par la grâce et l'éducation chrétienne, peut se donner librement carrière. Son initiative peut aller jusqu'à l'audace. Et qui donc a jamais fait une entreprise plus audacieuse que saint François d'Assise, rassemblant des religieux et leur interdisant de s'assurer dès la veille de ce qu'ils auraient à manger le lendemain? L'initiative peut être même d'autant plus hardie qu'elle sait bien que si elle se trompe, elle sera avertie et qu'ainsi, pourvu qu'elle conserve la docilité, la modestie nécessaires, elle ne peut que faire du bien sans risquer de faire du mal.

Catholiques, nous ne sommes pas des wagons remorqués par une locomotive ou des rouages subissant en aveugles une impulsion; en chacun de nous, au contraire, se trouve la force de propulsion. C'est dans chaque âme chrétienne qu'agit l'Esprit-Saint, que s'opère le salut et que se con-

serve la vie mystérieuse. Mais cette vie individuelle même ne peut être maintenue que par son
union avec la vie de toutes les autres âmes, il
convient de ne le pas oublier. Il faut donc un organe de la communion des consciences, de l'harmonie de toutes les vies. Et à nos yeux cette correspondance se prolonge bien au-delà des terrestres
horizons. Ce n'est pas avec les vivants seulement
que nous sommes en communion, mais avec les
morts, avec les triomphes de la gloire aussi bien
qu'avec les gémissements temporaires de l'expia-
tion. A quelle condition cette communion peut
être conservée et par elle la vie individuelle intérieure peut se maintenir, voilà ce que dit l'Église,
ce que dit l'autorité catholique.

Ainsi plus nous pénétrerons cette admirable
doctrine, plus nous aurons le sens catholique
à la fois actif, hardi et prudent, prompt aux généreuses initiatives comme disposé aux nécessaires
docilités. — Il se peut que les rébellions de la
Réforme aient pendant un temps — car qu'est-ce
que deux ou trois siècles dans la vie de l'Église ?
— fait mettre l'accent sur l'autorité dans le chef
et sur la docilité dans les membres. L'harmonie
n'a cependant pas été rompue, et si quelque manque d'initiative s'est fait voir, ce n'est pas à une

pression trop grande de l'autorité qu'il le faut attribuer, mais à une timidité excessive parmi les fidèles. A cette heure, nous voyons bien la nécessité de cette harmonie. L'évolution du dogme de l'Église s'est glorieusement achevée par la définition de l'Infaillibilité papale, le gouvernail est infaillible et nous ne lui résisterons pas, déployons donc, sans attendre des consignes ou des mots d'ordre, en gardant seulement le vif sentiment de notre union avec nos frères, les énergies qui se trouvent en chacun de nous.

Et lorsque nous aurons ainsi établi dans nos âmes l'harmonie de l'autorité et de la liberté, quand nous aurons le sens catholique, nous n'aurons qu'à le répandre et à le développer au milieu de nous, nous aurons rendu ainsi à la France le plus signalé service. Notre sens religieux appliqué aux choses nationales se tournera en civisme. Car ce dont notre société française a le plus besoin c'est précisément de ce sens de l'harmonie entre l'autorité et la liberté. Depuis que des doctrines incomplètes ont exalté tantôt les droits de l'individu et tantôt les droits de l'État, nous sommes ballottés de l'anarchie au despotisme, du despotisme à l'anarchie, parfois éprouvant ensemble ces deux maux contraires. Le ferment individualiste a tourné à l'aigre ou bien la nécessité d'une règle est devenue d'un poids oppressif. Tantôt les initiatives individuelles ont prétendu marcher sans loi ou faire la loi elles-mêmes, tantôt, je ne sais au nom de quelle prétendue sagesse ou de quelle force brutale, on a prétendu les « faire marcher ». On ne fait pas marcher les hommes comme des troupeaux et personne non plus dans une nation n'a le droit de marcher tout seul et sans s'inquiéter des autres. Il y a des lois sociales essentielles que n'a posées la volonté d'aucun homme, que les gouvernements ont charge de découvrir et dont ils ont mission d'imposer au besoin le respect. — Mais la source profonde de la vie d'un peuple, surtout dans les temps modernes, où tous les peuples sont plus ou moins en démocratie, se trouve dans les individus, dans les intelligences et les énergies individuelles. De là ces caractères universels du devoir civique : liberté des citoyens, impartialité et majesté de la loi, respect de la loi.

Nous sommes bien loin de cet idéal : le législateur a-t-il assez lui-même le sentiment de la majesté de la loi pour la faire impartiale ? L'autorité respecte-t-elle toutes les libertés légitimes?

A son tour, le citoyen a-t-il le sentiment du respect qu'il doit à l'autorité? Je n'en veux pas décider et n'en saurais donc rien dire. Mais ce que je peux bien dire, ce qui, si je ne me trompe, résulte à l'évidence des réflexions que nous venons de faire, c'est que le catholicisme que l'on veut parfois opposer au civisme serait le meilleur et le seul moyen d'imprégner les âmes de tous, du civisme véritable.

Nous avons le devoir de travailler au salut, à la régénération de notre pays, nous n'en avons pas de meilleur moyen que de développer le civisme en nous, de le développer dans les autres. Prenons conscience de notre rôle de citoyens libres et à la fois respectueux de la loi ; éveillons autour de nous d'autres consciences. Pour cela ayons le sens profond de la valeur de la liberté et de la nécessité de l'autorité. Ce sens, si l'on sait le voir et si j'ai su l'exprimer, c'est le sens catholique même. Nous ne sommes pas des esclaves, nos chefs ne sont pas des despotes. Nulle part comme dans l'Église les conditions de la vie sociale n'ont été réalisées. Plus nous étudierons son organisation, plus nous sentirons avec la possession de notre conscience personnelle notre union avec les autres consciences, et à la place de ces caricatures où l'on nous fait voir le catholique comme un mouton timide ou un esclave enchaîné, nous sentirons vivre en nous et nous ferons voir aux autres l'exemplaire magnifique du citoyen libre qui marche fier sous l'œil de Dieu.

10 Juin 1897.

III

LE ROLE DE LA JEUNESSE CATHOLIQUE A L'INTÉRIEUR ET A L'EXTÉRIEUR DU CATHOLICISME

Comme suite au mouvement des jeunes gens catholiques que nous signalons plus haut, l'Association catholique de la jeunesse française a tenu à Tours dans les premiers jours d'octobre 1897 un congrès général où elle a rassemblé auprès du tombeau de saint Martin de jeunes délégués venus de tous les points de la France. Ces jeunes gens ont discuté entre eux sur les moyens par lesquels ils pourraient exercer leur apostolat au sein de la société française contemporaine. Ils se sont inquiétés des moyens d'étendre et d'élargir leur association, d'en faire le lien de tous les jeunes groupements ; ils ont discuté sur l'*Initiative intellectuelle de la jeunesse catholique ;* ils ont examiné le rôle de la jeunesse intellectuelle dans les patronages au point de vue de l'enseignement intellectuel professionnel et social de la jeunesse ouvrière ; M. Henri Bazire a lu un très important rapport sur *la Jeunesse catholique et son rôle dans la vie publique.* — C'est là un programme très précis et très bien conçu. Les idées, la science, l'instruction acquises sont le ferment, l'association est le moyen, l'action sociale est le but. Ces jeunes gens veulent servir leur pays et non pas seulement se livrer à un apostolat individuel dont les effets ne se voient pas en dehors de la famille, du patronage ou de l'atelier, mais à un apostolat social dont les conséquences pourront se manifester publiquement dans les mœurs et dans les lois mêmes. Dans une démocratie cette ambition n'est pas seulement tolérable, elle est louable. Elle ne vaudra même pas uniquement par les effets qu'elle aura, elle vaudra encore par l'exemple qui aura été donné.

En outre de ces discussions confraternelles les organisateurs du Congrès avaient demandé à des amis plus âgés de venir exposer dans les séances générales du soir les idées de leurs aînés. A ce titre le directeur de *la Quinzaine* fut appelé à dire devant un bel auditoire de jeunes gens ce qu'il pense du rôle actuel de la jeunesse catholique. Comme ces idées peuvent avoir un intérêt en dehors de l'assemblée pour laquelle elles furent mises en ordre et élucidées, les voici tout simplement :

**

*
* *

C'est un fait caractéristique des années présentes que l'importance que l'on y accorde aux faits et aux dires de la jeunesse. Autrefois c'étaient les vieux qui jugeaient les jeunes, ce sont maintenant les jeunes qui jugent les vieux, et les vieux sont les premiers à solliciter les jugements de la jeunesse. Aussi voyons-nous que de tous côtés et dans tous les domaines de la pensée et de l'action, on s'inquiète de ce que pensent les jeunes, de ce qu'ils se préparent à faire. Cette *néanioscopie,* comme l'a appelée un écrivain spirituel, est un des phénomènes caractéristiques de notre temps. Je ne crois pas qu'on l'ait jamais observée, du moins au même degré. Il n'entre pas dans mon dessein d'en écrire l'histoire qui ne remonte guère au-delà de 1890 et qui a pour promoteurs à des titres divers MM. Lavisse et de Vogüé.

Mais il ne sera pas inutile d'en dire ici brièvement les causes. De tout temps les novateurs rencontrant des résistances chez les hommes faits et chez les têtes blanchies en ont appelé à la jeunesse. Mais ce qu'on n'avait plus vu c'est que les vieillards et les hommes faits vinssent demander à la jeunesse de juger leur propre conduite et leurs conceptions. Cet état d'esprit chez les anciens indique à quel point ils sont tous persuadés de leur insuccès. La génération qui est en train de

disparaître a conscience d'avoir manqué sa voie.
C'est une banqueroute dont elle est en train de
déposer le bilan. Faillite politique, faillite religieuse, faillite sociale, faillite littéraire.. Toutes.
les espérances déçues, tous les desseins avortés,
une incapacité foncière à se conduire et à conduire
les autres. Ici ce sont des royalistes qui fondent.
la république, là des hommes religieux qui, à force
d'aveuglement et de naïveté, tombent dans les
pièges tendus par les sectes, et ont laissé au sein
des démocraties la religion devenir impopulaire ;
plus loin des républicains qui déshonorent la république et font dire d'elle : « Qu'elle était belle sous.
l'Empire » ! des impies qui par leur sectarisme
rendent la religion sympathique à tous les vrais.
libéraux ; et cependant les désastres nationaux
sont loin d'être réparés : pas un homme d'État, pas
un général, pas un grand poète, pas un chef-
d'œuvre. On en a été réduit à acclamer Boulanger
et l'on fait en faveur d'une alliance utile des
démonstrations que l'on eût jadis réservées pour
un de ces triomphes qui déplacent l'axe du monde.
Je ne crois pas avoir chargé le tableau. Est-il
étonnant dès lors que devant la faillite universelle
du passé on se soit tourné avec anxiété vers l'avenir ? Le passé c'est le connu et ce connu est lamen-

table. L'avenir c'est l'inconnu ; dans cet inconnu se réfugient les efforts lassés, les espérances déçues. Vous êtes, jeunes gens, cet avenir et cet inconnu, ne vous étonnez donc point si vos aînés se tournent vers vous et s'ils vous demandent avec anxiété ce que vous comptez faire, ce que vous ferez. Ils voient s'éteindre en leurs mains le flambeau symbolique qu'ils vous passent ; tremblants pour sa flamme déjà fumeuse, ils vous disent : Allez-vous la laisser disparaître ? Allez-vous la ranimer ? Flamme des saints enthousiasmes, feu de l'idéal, lumière de la justice, gloire de la patrie, tout cela va-t-il pour toujours s'éteindre ou tout cela va-t-il revivre ? Le soleil du divin va-t-il disparaître de nos terres occidentales ? Allons-nous nous trouver livrés au jeu aveugle des forces brutales, aux appétits exclusifs des jouissances positives, aux luttes intéressées des peuples et des classes sous la loi du *Væ victis ?* ou bien connaîtrons-nous encore avec le tendre sourire d'une Providence les douceurs charitables de l'esprit chevaleresque, les libertés généreuses et ces élans des cœurs forts qui les inclinent en un respect devant la faiblesse ? Pour tout dire d'un seul mot, perdrons-nous Dieu ou le retrouverons-nous ? Tout cela dépend des générations qui montent et voilà pourquoi leurs aînés les interrogent avec anxiété.

Rien n'est durable parmi les phénomènes du monde. Il est possible que la face du Dieu éternel se voile à nos yeux, car s'il est la substance indéfectible, notre regard n'est qu'un phénomène passager. Déjà l'éclipse commence à se faire et si chacun de nos cœurs individuels peut conserver en lui-même jusqu'à la mort, par son effort propre, le souvenir du divin, les efforts individuels ne peuvent pas empêcher que le divin disparaisse peu à peu de la conscience sociale. C'est là pour un peuple le plus affreux des malheurs. Dieu absent, c'est la vérité absente, c'est la justice oubliée et la liberté morte, c'est la raison de vivre enlevée, c'est, à bref délai, la mort triomphant de la vie. Car notre Dieu n'est pas une abstraction vaine, il est le point concret où se réalisent dans l'absolu la vérité stable et la justice éternelle, l'axe de suspension de tous les droits, des droits des peuples comme des individus. Quiconque cherche le vrai, quiconque respecte le juste, qu'il le sache ou non, adore ce Dieu et nous sommes ainsi en obscure communion avec toutes les âmes éprises de justice et de vérité dans la cité invisible où sont assis à côté les uns des autres, quelquefois sans se connaître, toutes les grandes âmes, tous les nobles cœurs.

C'est pourquoi notre apostolat religieux ne saurait être indifférent à personne. Il ne peut être suspect qu'à ceux qui, niant la vérité et foulant aux pieds la justice, prétendent n'accepter que ce qui peut servir à leurs intérêts. Tous ceux qui aiment véritablement leur pays, qui ont le souci de sa grandeur, ne peuvent qu'être sympathiques à notre entreprise et pour moi je crois, en venant ici, accomplir un devoir de citoyen et de patriote autant au moins que mon devoir de chrétien. Ce n'est pas trop en nos heures sombres de tous les efforts et de toutes les bonnes volontés. Si faible soit-il, nul n'a le droit de refuser son concours. Quiconque a une pensée doit la dire et quiconque a un plan de conduite doit le proposer.

Les jeunes gens ont donc de par l'incapacité avouée de leurs anciens le droit de prendre en main les choses publiques. Et pour les raisons que je viens de dire, nul n'y a plus droit que les jeunes gens catholiques puisque, ayant de Dieu une connaissance plus précise et plus assurée, ils ont par là même un système de pensées plus stable et un axe de conduite plus résistant.

Le rôle que la jeunesse catholique peut et doit

jouer est double. Les jeunes gens peuvent agir sur la masse des non-catholiques, ils peuvent agir aussi sur les catholiques, j'essaierai d'exposer de quelle façon ils peuvent agir et dans l'un et dans l'autre cas.

*
* *

Vis-à-vis de leurs coreligionnaires d'abord les jeunes catholiques ont un rôle important à jouer. Ils doivent renouveler les vieux cadres, apaiser les vieilles querelles, être les instruments de l'union, les missionnaires de la paix, être enfin des propagateurs de mouvement et comme des ferments de vie.

Je ne sais en effet comment il est arrivé que les catholiques, en cette qualité même, ont été constamment qualifiés de conservateurs. Eux-mêmes s'en sont fait gloire et je ne sais si en rejetant cette épithète je ne vais pas précisément scandaliser plus d'un esprit. Si cependant l'on veut bien réfléchir sans parti pris, on verra que le « conservatisme » est tout justement l'opposé du catholicisme. Car qu'est-ce qu'être conservateur, que se déclarer, sans plus, décidé à maintenir et à conserver? C'est donc avouer que l'on se condamne de parti pris à l'immobilité. Or, l'im-

mobilité pour les choses qui doivent vivre, c'est
tout uniment la mort. Car la vie est un mouvement, une évolution, et quand elle va dans ses
voies normales, un progrès. Or, le catholicisme
avant tout est une vie, un levain, un ferment de
vie. Le figuier stérile était conservateur et le
Maître l'a maudit. Le serviteur qui enterrait la
mine qui lui avait été confiée était un excellent
conservateur et Jésus a déclaré que cette mine
lui serait justement ôtée. Vivre c'est conserver
sans doute, mais aussi c'est acquérir. En un mot
vivre c'est progresser. L'épithète qui convient au
catholique n'est pas celle de conservateur mais
celle de progressiste. Heureux si nos aînés avaient
su le voir !

Et sans doute il y a des règles éternelles du
juste et du vrai que toute vie sociale doit respecter si elle veut se développer, et la conservation
de ces règles est une condition nécessaire de tout
progrès. Mais ces règles idéales peuvent être
observées avec des lois pratiques très différentes.
La conservation des règles éternelles n'implique
pas l'immobilité des lois sociales, même de celles
qui nous paraissent les plus essentielles. Pour
n'en citer qu'un exemple, les lois qui régissent
actuellement la propriété et les successions ont

souvent varié dans le cours des âges; rien ne prouve qu'elles ne doivent pas varier encore. La justice peut s'accorder avec plus d'une sorte de régime successoral. Je ne vois pas pour moi en quoi le droit d'aînesse lésait l'équité, je ne vois pas davantage en quoi une limitation du droit de tester serait attentatoire à la justice.

Il en est des lois éternelles comme des lois mathématiques et physiques, elles peuvent être observées dans les phénomènes en apparence les plus différents. Un ballon qui monte dans l'air n'est pas moins soumis aux lois de la pesanteur qu'une pierre qui tombe par terre. Celui qui regarderait l'aérostier comme un révolutionnaire ou un insurgé ne serait qu'un imbécile.

Voilà donc le premier service que les jeunes catholiques peuvent rendre à la cause religieuse; c'est de la libérer des épithètes que la malice des uns a pu lui accoler ou que la courte vue des autres a imprudemment acceptées. Ayant pris la nette conception des lois idéales, ils sauront en distinguer les réalisations historiques, ils ne croiront pas que tout ce qui a pour soi le prestige du passé soit capable de réussir dans le présent. L'histoire est une grande traîtresse et une maîtresse d'erreurs. On s'imagine que ce qui a réussi

jadis en des circonstances qui paraissent semblables pourrait réussir encore. C'est tout ce qu'il y
a de plus impossible. Pas plus que la vie individuelle la vie sociale ne se recommence. Vos pères
et vos mères trouveraient ridicule de vouloir
enfermer vos membres dans les vêtements qui
seyaient à votre enfance. Il en est de même des
institutions et des lois. Tout y est en mue incessante et si les législations paraissent durer plus
que ne durent les vêtements, c'est que la vie
sociale est plus longue. Mais rien n'est absolument immobile. Si la loi ne change pas, c'est la
jurisprudence qui change. Il faut toujours suivre
le mouvement de la vie.

Vous chercherez donc dans l'histoire bien
moins des modèles pour l'avenir que l'expérience
du mouvement et de la vie. Vous nous délivrerez
ainsi du fantôme réactionnaire. Vous ne chercherez pas à remonter les fleuves qui providen-
tiellement s'écoulent, vous ne chercherez pas,
arrivés à l'âge viril, à retourner à l'enfance qui
charme, mais qui vacille et s'égare.

Sentant bouillonner au dedans de vous les
énergies de la vie nouvelle vous aimerez la vie et
vous la ferez aimer. Vous n'en aurez point l'orgueil car cet orgueil vous est défendu. Mais vous

la rapporterez à Dieu de qui elle vient et vous la lui adresserez. Vous vous lèverez vivants au milieu de vos contemporains, et vous ne vivrez point dans la société des morts. Vous les laisserez enterrer les vieux cadavres. Et vous rappellerez ainsi à la vie plus d'un qui se croyait mort. Délivré de ces deux spectres mortels du conservatisme et de la réaction, le catholicisme pourra témoigner encore de sa force et de sa prodigieuse vitalité. Il sera le ferment de la vie sociale moderne, d'autant plus hardi vis-à-vis des formes sociales passagères et des lois muables qu'il est plus respectueux des lois divines, qu'il se sent plus fermement attaché au sol sacré des principes éternels, plus uni à Celui qui seul a osé et qui a pu dire : « Je suis la voie, la vérité et la vie. »

De ce point de vue les jeunes catholiques verront aisément le fort et le faible des anciens partis qui ont divisé leurs pères. Ils auront de l'amour et du respect pour la bonne volonté de tous, ils n'éprouveront pas les rancunes et demanderont qu'on oublie les vieilles querelles. Ils demanderont surtout, au besoin ils imposeront, qu'on n'en soulève pas, sous de vains prétextes, de nouvelles. Que les Jésuites aient été, il y a deux ou trois cents ans, les rivaux et même les adversaires des Dominicains, cela est possible, et que plus d'une fois des ordres religieux se soient joué les uns aux autres de méchants tours, cela est incontestable. Qui pourrait en nos temps ne pas s'en scandaliser ? Que le clergé séculier ait pu en des temps lointains chercher à amoindrir l'influence du clergé régulier ou que celui-ci ait voulu quelque peu empiéter sur celui-là, on le dit et peut-être il y a quelque vérité, mais si les défiances d'un monde hostile, si la colère des sectes étaient attirées aujourd'hui sur une portion du clergé quelconque par une autre, quelle âme de catholique ne s'indignerait ? Et n'aurions-nous pas raison de rayer de la liste de nos aumônes ou de nos faveurs ceux qui auraient ainsi misérablement sacrifié à l'esprit particulier l'esprit universel du catholicisme et l'Église aux intérêts bien mal compris de quelques particuliers ?

Donc placés au seul point de vue du catholicisme, les jeunes catholiques seront l'instrument de la pacification. Gallicans, ultramontains, libéraux, ces mots n'ont plus pour eux aucune signification. Ils honorent du même culte les Pie et les Dupanloup, les Montalembert et les Veuillot, les Lacordaire et les de Ségur. Ils ne connaissent que des catholiques. Et si sous les noms de démocrates et de conservateurs, de ralliés et de réfractaires on essaye de renouveler les vieilles querelles ils regarderont d'abord au-dessous de l'étiquette et se demanderont où est le zèle véritable pour l'Église, l'obéissance aux lois essentielles du catholicisme, et partout où ils verront avec l'ardeur de la foi et la soumission docile à l'autorité de Rome, l'intégrité profonde des mœurs, ils reconnaîtront des frères dans la main desquels ils pourront hardiment poser leur main.

Car c'est ici encore un point où on doit compter sur les jeunes gens catholiques. C'est qu'ils ne soient pas les hommes d'un parti ou d'une maison d'éducation ou même d'une éducation, qu'ils soient les hommes du Christ. Non qu'on leur demande de renier ni leurs traditions ni leurs maîtres, mais le seul moyen de faire honneur et à leurs traditions, et à leurs maîtres, c'est de se montrer partout de francs et solides chrétiens. On peut dans une démocratie garder l'âme généreuse des vrais chevaliers, c'est ainsi plus qu'en restant figé en des désirs de réaction impossibles qu'on sera fidèle à ses traditions ; on peut même dans les pugilats du forum montrer par l'élégance des coups qu'on est l'élève de sages religieux et de fins lettrés. Mais avant tout, d'où qu'on sorte et d'où qu'on vienne, il faut avoir l'âme et les mœurs d'un chrétien.

Et donc le jeune catholique à son départ pour la vie se confiera en la Providence et ne cherchera pas la carrière la plus tranquille ou la plus brillante. Il saura préférer l'industrie, le commerce, l'agriculture qui lui laisseront une indépendance entière à des emplois qui donnent une sécurité plus grande, et demandent moins d'activité. Il ne se contentera pas aisément d'une médiocrité tranquille. Propriétaire, il fera valoir lui-même ses terres, s'attachant avec sérieux à son métier d'agriculteur et ne lui demandant pas seulement un prétexte à l'oisiveté agitée de l'homme de sports ou du chasseur.

Il songera de bonne heure à unir sa vie à celle d'une femme chrétienne dont il se sera gardé digne. Il s'inquiétera moins de la dot que de la santé et de la vertu. Il aura une famille nombreuse et, ses énergies sans cesse surexcitées par la responsabilité paternelle, il fera produire à sa vie le maximum de rendement. Son volume social augmentera de toute l'expansion de ces énergies, son influence croîtra à mesure. Il n'est pas un jeune homme qui ne puisse d'ici vingt ans acquérir par lui-même et par les siens un rayonnement social véritablement merveilleux.

Et l'exemple sera contagieux. La mode qui est

aujourd'hui à la recherche des dots, aux familles peu nombreuses, changera peut-être. Dans tous les cas, vous pouvez être certains que l'influence sociale sera acquise à ceux qui auront suivi ce programme. Et qui donc le suivrait sinon les jeunes catholiques ? Est-ce marcher sur la trace des anciens preux que d'aller par-delà l'Atlantique pourchasser une grosse dot ? Et cette plaie nationale des familles peu nombreuses devrait-elle se trouver parmi ceux qui disent s'honorer d'être chrétiens ?

Conservez vos mœurs, jeunes gens, si vous voulez être forts. Pour cela mariez-vous jeunes, ne soyez pas des chasseurs de dot et ayez beaucoup d'enfants. Il y aura peut-être chez vous moins de fêtes, il y aura plus de paix et plus de joie, il y aura moins de luxe et de tapage extérieur, vous aurez plus de véritable influence. On me dit que plus d'une fois c'est par des jeunes gens qui portent un nom catholique que la mode se vient régler. Pourquoi la mode des bonnes mœurs, des foyers sérieux ne viendrait-elle pas aussi d'eux ? Ou par hasard ne serait-il pas aussi glorieux de propager les idées fécondes, les mœurs salutaires que la couleur d'une cravate ou la coupe d'un habit ?

*
* *

Et ceci m'amène à parler du rôle que les jeunes catholiques peuvent jouer vis-à-vis des non-catholiques. Ils peuvent être un ferment puissant de vie morale, ils peuvent par leurs exemples conquérir le respect au catholicisme, par leurs discours et leurs actions écarter de lui les défiances injustes et diminuer son impopularité.

Les jeunes gens catholiques sont restés un certain temps à l'écart de tous les autres. Élevés dans les établissements libres, ils formaient comme un monde à part. De leur côté les non-catholiques avaient peu de contact avec les croyants. De là beaucoup de méfiances et d'innombrables malentendus. Ces temps semblent passés. La loi militaire force à se rencontrer à la caserne tous les jeunes hommes de la nation. C'est un bien ou c'est un mal, peu importe à mon propos, c'est un fait. Il me semble que cette année ou ces années de service peuvent ne pas être perdues même pour la cause de l'apostolat. Et que faut-il pour cela? Que sans aucune espèce d'affectation, mais aussi sans le moindre respect humain, les jeunes catholiques, dès le premier dimanche, fassent profession publique de religion et qu'ensuite ils soutiennent leur réputation de chrétiens par leur entrain au service, par leur obligeante camaraderie, et, ce qui est le plus difficile, par la dignité de leur vie, l'intégrité de leurs mœurs. Qu'ils donnent le spectacle de jeunes hommes qui obéissent à un devoir reconnu dans l'intimité de la conscience aussi bien qu'à une consigne donnée par un caporal. Qu'ils ne négligent aucune occasion de relever les erreurs de leurs camarades sur la religion et sur les prêtres, qu'ils s'attachent à faire connaître le catholicisme sous son vrai jour, ils verront ainsi peu à peu se grouper autour d'eux les timides de la chambrée, ils sauveront plus d'un de leurs camarades de la chute, et peut-être auront-ils la joie d'amener à l'aumônier quelque brave cœur touché de la grâce. De concert avec les séminaristes soldats, dans les régiments où il s'en rencontre, ils pourront détruire bien des erreurs, faire tomber bien des préjugés, faire voir qu'un catholique est un soldat comme les autres, que seulement il est meilleur que les autres, qu'il n'est ni moins débrouillard ni plus maladroit.

Dans les grandes écoles, sur les bancs des universités, les jeunes catholiques coudoient maintenant tous les jours les non-croyants. Au milieu de ces foyers de recherche scientifique le rôle de l'étudiant catholique est particulièrement intéressant et peut porter les plus heureux fruits. Car c'est dans ces écoles, sur les bancs de ces univer-

sités, que se forment les hommes qui demain par
la plume ou par la parole, par le livre ou par
l'autorité de l'enseignement, approvisionneront
d'idées la masse de la nation. Il dépend beaucoup
des étudiants catholiques de faire que ces futurs
docteurs du peuple soient moins ignorants de nos
dogmes, qu'ils aient vis-à-vis du catholicisme
moins de préjugés.

Et d'abord quand ils s'aperçoivent — ce qui
hélas! est fréquent — que leurs camarades ou
leurs maîtres mêmes professent sur nos dogmes
de fausses idées, je voudrais qu'ils ne manquas-
sent pas de rappeler aux uns et aux autres cette
première règle de tout travail scientifique, qu'on
n'a le droit de parler d'une doctrine quelle qu'elle
soit qu'après l'avoir étudiée dans ses documents
authentiques, et qu'il est contraire à cette vertu,
qu'on appelle la probité scientifique, de juger une
doctrine d'après de vagues notions ou les dires
mêmes de ses adversaires. La même règle de méthode qui veut que l'on étudie Platon dans ses
écrits authentiques exige que l'on étudie nos dogmes dans les livres approuvés par l'Église. Récla-
mez autour de vous qu'on prenne une connaissance
vraiment scientifique du catholicisme, attachez-
vous vous-mêmes pour y guider, s'il le faut, les

autres, à conquérir cette connaissance scientifique, vous n'aurez pas peu travaillé en faveur de la vérité du Christ. On ne le combat, on ne combat son Église que parce qu'on ne les connaît pas. Et qui donc en dehors de quelques sectaires pourrait être encore hostile à la vérité de notre Dieu s'il avait pu dans une image ressemblante contempler sa majestueuse figure et ses traits si doux ?

Vous aurez cependant à répondre à plus d'une objection. Appliquez à ces objections les plus rigoureuses méthodes de la science et de la critique. Vous les verrez la plupart du temps s'évanouir si vous avez une connaissance exacte du dogme. Mais le dogme même vous dira quelles sont les objections qui sont insolubles par le seul effort de la raison pure. Ce sont toutes celles où le surnaturel est mis en question ou rejeté d'emblée par la question préalable. Or, c'est là le fond de la plupart des raisonnements que l'on oppose à notre foi. Il ne faut pas se laisser prendre à ce piège. Qu'il soit bien entendu que vous admettez un domaine du surnaturel et que vous ne vous engagez à raisonner qu'en partant de votre hypothèse. Si l'on veut après aller au fond du débat et discuter avec vous de l'existence même du surnaturel, armez-vous pour la lutte, priez Dieu et, comme

David, sans rien craindre, allez hardiment à Goliath.

Armez-vous pour la lutte, ai-je dit. C'est là un grave devoir. Vous êtes par le titre même de champions du catholicisme que vous avez choisi et que vous revendiquez, obligés à ne pas faillir. Vous vous le devez à vous-mêmes et vous le devez à Dieu. Il faut donc étudier profondément et la religion et l'apologétique. Si quelque objection vous paraît plus spécieuse et redoutable à votre jeune sagesse, ayez la prudence de ne pas répondre sur l'heure et de demander à réfléchir. Consultez dans l'intervalle. Demandez avis à quelque docte théologien, ou, si parmi vos maîtres il en est quelqu'un que vous connaissiez comme croyant, allez lui exposer la difficulté. On vous aidera à la résoudre et peut-être vous porterez la lumière dans un esprit qui n'était que prévenu.

Mais vous pouvez plus encore. Par votre exemple vous pouvez aider à détruire un préjugé que l'on trouve encore dans les milieux scientifiques, c'est que le dogme catholique crée une entrave à la liberté de la recherche, à la pureté de la science, à la probité de la pensée. Faites voir que tous les problèmes que pose la science vous vous les posez avec la même hardiesse, que vous n'hésitez devant l'examen d'aucun doute ou d'aucune négation. Le propre de la méthode scientifique est la discussion, c'est-à-dire l'examen approfondi de toutes les solutions possibles d'une question. Cet examen se termine par le rejet successif de toutes les solutions fausses et l'adoption de la seule solution qui corresponde aux données. Le savant catholique a donc le droit comme tous les autres d'examiner tour à tour les diverses solutions, et la meilleure preuve qu'il en a le droit, c'est que la méthode scolastique, adoptée par saint Thomas dans la *Somme théologique*, est précisément cette méthode de discussion par éliminations successives, si bien que saint Thomas n'hésite même pas à examiner la thèse fondamentale de l'athéisme et à dire : *Videtur quod Deus non sit*, ce qui peut très fidèlement se traduire : Examinons l'hypothèse de la non-existence de Dieu. Et Léon XIII, quand il recommandait l'emploi de la méthode des scolastiques, avait justement en vue les procédés employés par saint Thomas. Le libre examen n'est donc pas plus que la libre recherche interdit aux catholiques, les voies de la science leur sont librement ouvertes. Et même, pour qui sait voir, ce sont les théories catholiques qui s'accordent le mieux avec le respect de l'impersonnelle vérité scientifique. Je pourrais sur ce point vous citer Auguste Comte qui, partisan, comme nous le sommes tous, du libre examen et de la libre recherche, ne pouvait cependant s'empêcher de dire qu'il ne savait ce qu'on voulait dire en parlant de la liberté de penser, car la science ne connaît pas une telle liberté. On ne pense pas librement sur la somme de $2 + 2$ ou sur celle des trois angles d'un triangle. Il n'y a sur chacun de ces points qu'une pensée vraie et cette pensée vraie est en même temps nécessaire. Celui qui, pour penser librement, soutiendrait que $2 + 2 = 5$ ne pourrait être qu'un sot. — Le moment viendra — et il est peut-être déjà arrivé — où la doctrine catholique de la vérité et de l'erreur sera la seule qui puisse s'accorder avec les exigences de la science véritable.

Par le fait même que vous aurez ainsi acquis par des études supérieures les données principales de la science vous serez amenés à en faire profiter vos concitoyens moins heureux. Vous vous êtes de vous-mêmes préoccupés de porter aux jeunes apprentis, aux ouvriers adultes, avec votre patronage, l'enseignement professionnel, un complément d'enseignement littéraire et même un enseignement social. Vous avez très bien et très généreusement vu et je crois que c'est là que se trouve l'avenir. Jadis le patronage s'exerçait par la protection à main armée; de nos jours il ne peut plus s'exercer que par la communication des connaissances et des idées. Le professorat volontaire me paraît devoir être une des formes et non la moins élevée ni la moins chrétienne de la tutelle sociale. Cette tutelle a cela de particulier qu'elle travaille à élever les pupilles jusqu'aux tuteurs et que loin de conserver l'inégalité, elle tend au contraire à la diminuer. C'est pourquoi on ne saurait trop recommander à ceux qui ont le désir louable de parler des choses sociales devant les jeunes ouvriers de ne pas trop se servir de la méthode d'autorité. Qu'ils ne veuillent pas imposer les doctrines qu'ils pensent justes. Représentants d'une classe différente, ils seraient bientôt suspects; qu'ils usent des procédés scientifiques, des méthodes socratiques, qu'ils fassent découvrir la vérité à leurs auditeurs eux-mêmes, qu'ils se replacent dans la position où ils étaient alors qu'ils cherchaient encore la solution, quand ils n'étaient pas fixés, qu'ils fassent passer leurs auditeurs par les phases diverses de la recherche. Ainsi ils éviteront le soupçon d'intérêt et de parti pris et leurs auditeurs s'attacheront d'autant plus aux doctrines véritables qu'ils auront donné plus d'eux-mêmes pour les découvrir.

*
* *

Voilà donc en résumé quel est le rôle que doivent remplir les jeunes catholiques au dedans et au dehors du catholicisme. Ils doivent être le sel de la terre et le ferment de la vie, ainsi qu'il fut dit jadis aux apôtres.

Ils seront un ferment de vie au sein du catholicisme, ils ne laisseront pas les vieillards s'endormir dans leur barbe blanche, ils rappelleront que tout ce qui vit progresse et que la Parole éternelle est toujours féconde. Par là ils éviteront les reproches que des esprits qui ne voient le catholicisme que du dehors font volontiers à l'Église. De ce que nous avons des dogmes fixés une fois pour toutes par une autorité infaillible, on en conclut que nos croyances doivent être cristallisées en des formules et mortes par leur immobilité même. On oublie que la formule n'exprime que le point central de la croyance et qu'elle trouve en chaque âme et à chaque instant un environnement de pensées, de sentiments, d'affections, d'images qui en renouvelle sans cesse les aspects et constitue le mouvement de la vie. Les formules seraient mortes en des âmes mortes, elles vivent en des cœurs vivants. Sans ces précieuses et saintes formules, tout serait mouvant dans la religion, il n'y aurait ni plan de structure, ni progrès possible dans la vie religieuse individuelle, à plus forte raison n'y aurait-il plus de communion véritable des âmes entre elles ? Chaque vie religieuse serait une vie amorphe où l'on ne pourrait découvrir aucune loi véritable, aucune ligne directrice et vraiment maîtresse, et chaque âme serait enfermée en elle-même sans aucune communication possible avec les autres, car comment communiquer sans parole et comment parler sans formule ? Le dogme n'est pas la vie religieuse entière, mais il est la condition de la vie, de la vie individuelle réfléchie, aussi bien que de la vie sociale. Pas d'Église sans un dogme, cela est trop évident, mais aussi bien pas de vie cohérente, de vie intérieure sans dogme. C'est à vous, jeunes gens, qu'il appartient de montrer que le dogme ne cristallise pas nos ardeurs, que la lettre, chez nous, est le soutien, et non pas le poison de l'esprit.

Vivez donc et faites vivre. Insoucieux des vieilles querelles, imposez la concorde et l'union. Tournez le dos aux vieillards qui voudraient vous

engager dans les luttes fratricides de leur jeunesse ;
ces luttes, jadis, durant une paix amie, étaient
dangereuses ; à présent, en face de l'ennemi, elles
seraient mortelles. Vous ne les laisserez pas se
renouveler ou renaître sous d'autres noms. Vous
ne demanderez à vos frères d'armes que la sincérité, la franchise et le dévouement. Vous n'irez
pas scruter leurs origines, vous les jugerez sur
leurs actes et non sur la forme ou la couleur de
leurs habits.

Vous vous regarderez dans le monde comme
des missionnaires du Christ. Votre apostolat
laïque, pour être moins vénérable et moins enri-
chi de grâces que l'apostolat sacerdotal, n'en aura
pas moins son prix. Vous aurez à honneur de représenter dignement le Maître que vous déclarez
servir. Vous opposerez l'esprit chrétien à l'esprit
du monde. Vous ferez, par vos discours, par vos
exemples, cesser cette anomalie de deux sociétés
opposées par les professions de foi contraires,
l'une affirmant et l'autre niant le Christ, vivant
cependant toutes deux de même, aussi intéressées,
aussi frivoles, aussi scandaleuses l'une que l'autre,
en sorte que l'on peut se demander de quoi sert
de professer de bouche le christianisme, si l'on
doit toute sa vie agir comme un mécréant.

J'entends dire quelquefois que la piété, que les mœurs chrétiennes ne suffisent pas, que le jeune chrétien a besoin non seulement de vivre pieusement et chrétiennement lui-même, mais qu'il est urgent qu'il puisse conquérir les autres à la vie chrétienne et à la piété. Et sans doute cela est vrai. Nul n'a le droit de vivre pour soi tout seul. Mais qu'on n'oublie pas que la première condition pour propager et pour soutenir la vie, c'est soi-même de la posséder dans sa pureté et dans son intégrité. Et donc, soyez pieux et soyez chastes. Soyez vertueux. Donnez au monde qui vous entoure, que vous étonnerez, mais qui s'arrêtera devant vous, respectueux, le spectacle d'une jeunesse qui résiste à ses passions et n'en a que plus de sève vitale pour aider ses frères, servir son pays, adorer son Dieu.

Par là vous aurez acquis le très rare privilège de mettre vos actions d'accord avec vos paroles et, prêchant aux autres la vertu, le dévouement et l'abnégation, de les pratiquer vous-mêmes. Votre conduite seule, et j'entends vos mœurs privées aussi bien que votre conduite publique, pourra garantir la sincérité de vos paroles. Car les beaux parleurs qui, la boutonnière fleurie de gardénias ou bien d'œillets, prêchent la vertu et courent la

gueuse, vantent le désintéressement et chassent la
dot, soyez sûrs qu'on ne les croira jamais ou que
si, par malheur, on vient à les suivre, c'est par
des motifs aussi bas que ceux qui les font agir.

Il sort tous les ans des collèges de toute espèce
environ dix mille jeunes gens. Sur ce nombre
plus de cinq mille font encore profession de christianisme. Si, grâce aux associations diverses, il
pouvait s'en conserver la moitié seulement, ce
seraient tous les ans plus de deux mille jeunes
hommes qui à la caserne, dans les écoles, dans
les universités, dans les patronages, dans le monde,
apporteraient l'appoint de leur opinion et de leurs
exemples. Quelle force morale le respect qu'ils
inspireraient mettrait en leurs mains ! De quelle
puissance serait l'onde morale que leurs efforts
concentrés pourraient produire dans notre cher
et si malheureux pays ! Ce seraient les mœurs
publiques si gravement atteintes renouvelées, les
haines sociales amoindries, le luxe ramené à ses
justes proportions, l'égoïsme intéressé obligé de
se contraindre et de se cacher, les familles rede-
venues nombreuses, l'avenir de la France assuré,
le culte du Christ étendu et rajeuni. Vous pouvez
beaucoup, Messieurs, pour préparer un avenir qui
pourrait être si beau, qui devrait l'être si chacun

de ceux qui ont eu la grâce de recevoir une éducation chrétienne voulait bien faire son devoir.
Votre présence ici témoigne que vous voulez faire
tout ce qui dépend de vous. Dieu ne demande pas
davantage. Son œil paternel se repose sûrement
avec complaisance sur vous et sur tous ces jeunes
chrétiens qui à cette heure s'arment pour le bon
combat et ceignent leurs reins pour la lutte, lutte
contre les autres, lutte contre eux-mêmes. Ils sont
et vous êtes et le ferment et le sel, le ferment de vie
au sein de l'Église, le sel de notre terre de France.

1ᵉʳ Octobre 1897.

V

LE ROLE DE LA FEMME A L'INTÉRIEUR ET A L'EXTÉRIEUR DU CATHOLICISME

Le 20 janvier le directeur de *la Quinzaine* était appelé à Rouen pour donner une de ces *Conférences blanches* que l'initiative intelligente et hardie de M. le chanoine Prudent a instituées l'an dernier à l'intention spéciale des dames qui, désireuses de donner à leur religion intérieure le rayonnement de l'apostolat, s'intéressent et participent aux œuvres sociales. Ces conférences sont faites au profit des œuvres de jeunes employées et demoiselles de magasin, de leur société de secours mutuels, de leur maison de famille. L'auditoire, selon les règles de ces conférences, ne devait être formé que de dames. Mais S. Ém. le cardinal Sourrieu, archevêque de Rouen, ayant fait à l'œuvre et au conférencier le gracieux honneur de présider l'assemblée, il n'est pas sûr qu'à sa suite quelques hommes d'âge mûr, quelques ecclésiastiques et même quelques jeunes gens ne s'y soient mêlés. Quoi qu'il en soit, c'est à des dames que le conférencier devait s'adresser. C'est pour les dames seules qu'il a parlé. Le sujet même de son discours lui avait à peu près été imposé. De même qu'à Tours il avait parlé du *Rôle de la jeunesse à l'intérieur et à l'extérieur du catholicisme* (1), de même à Rouen on lui demandait de dire quel devait être, selon lui, le *Rôle de la femme à l'intérieur et à l'extérieur du catholicisme*. C'est ce qu'il a essayé de faire en développant les idées suivantes.

Les femmes à qui on s'adresse ici réunissant en elles ces deux caractères : 1° d'être chrétiennes ; 2° de s'intéresser aux œuvres sociales, il est dès lors facile de découvrir les idées et les sentiments par où l'on peut arriver à leur persuader peu à peu la suite des pensées que nous professons, sans exciter la révolte ou même l'étonnement. Car il suffit de montrer qu'étant chrétiennes non pas seulement des lèvres ou d'attitude extérieure, mais du fond du cœur, et voulant l'être par les actes de toute leur vie, elles doivent accepter de voir développer devant elles le système du catholicisme

(1) Voir plus haut, p. 123.

intégral. Voulant mettre au service du Christ
leur vie tout entière, elles ne mesureront pas à sa
doctrine et à ses conséquences, quelles qu'elles
soient, si dures qu'elles leur paraissent, si déplai-
sante qu'en soit l'expression, l'intégrité de leur
dévouement et de leur obéissance. Elles ne vou-
dront pas faire dans leur vie à leur christianisme
sa part, pour en réserver une plus large peut-être
aux doctrines du monde, ou même à ses préjugés.

De toutes parts au sein du catholicisme on sent
qu'un mouvement s'est opéré dans le monde qui
fait que les catholiques ont perdu l'influence sociale qu'ils avaient jadis. Ils se sentent regardés
comme hostiles ou du moins comme suspects.
Ils ne se sentent plus en correspondance avec
leurs contemporains et ils comprennent à merveille que, pour récupérer l'influence qu'ils ont
perdue, il faut que cette correspondance se réta-
blisse. Le catholicisme, comme tel, n'engrène
plus avec l'ensemble du mécanisme social. Nous
n'avons pas à rechercher ici comment s'est produite cette rupture d'engrenage, par suite de quels
aveuglements, de quelle méconnaissance des
temps, de quel parti pris entêté d'isolement et de
hauteur, de quelles haines savantes et attentive-

ment perspicaces. La rupture existe et nous en souffrons. Au lieu de récriminer sur la manière dont elle a pu se produire, travaillons à la supprimer. Sur ce point de nécessité extrême tout le monde se trouve d'accord. Mais comment faire pour aboutir et non pas seulement pour reprendre l'ascendant perdu, mais même pour entrer en communication véritablement sociale avec nos concitoyens, pour que le catholicisme redevienne enfin au moins un des facteurs de l'évolution sociale, un organe de la vie, de la conscience française ?

Pour cela nous n'avons pas le choix des moyens. Il n'y en a qu'un seul. Quand une fois un être est sorti de son milieu, pour y reprendre sa part d'influence, il faut d'abord qu'il y rentre et qu'il s'y adapte, puis qu'il crée des correspondances déterminantes avec le milieu, c'est-à-dire que son adaptation ne soit pas purement négative, mais qu'elle soit aussi et surtout active, et que non seulement sa vie parvienne à se conserver, mais qu'elle entretienne avec son milieu un commerce d'incessants échanges. On peut croire en effet que l'on a sauvé sa vie parce qu'on s'est isolé d'un milieu hostile comme la seiche s'isole en s'entourant de son encre, comme le colon s'isole de la chaleur de l'atmosphère dans les pays tropicaux par l'ombre et les courants d'air. C'est ainsi qu'ont fait trop souvent les catholiques. On n'a pas rendu justice à leurs mérites, ils se sont mis à bouder, ils se sont enfermés dans leurs églises, leurs châteaux, leurs salons et leurs œuvres, et ont décidé de « ne plus voir » ceux qui avaient le mauvais goût de ne plus les vouloir pour chefs indiscutables et indiscutés. Ils ont élevé entre eux et le milieu social une foule de barrières plus ou moins hygiéniques et ils ont ainsi, après avoir émigré, continué à vivre, d'une vie misérable et falote, vivants pour leur famille, leurs amis, leurs affaires ou leurs plaisirs, morts pour la vie civile et pour la nation.

Nous avons maintenant la nette conscience que ce jeu, qu'on crut jadis élégant, n'a que trop duré, qu'il met en péril deux choses véritablement sacrées : la vie même de la France qui ne saurait se passer sans danger grave de l'assistance des meilleurs de ses enfants, la vie du catholicisme dans ce pays, car les milieux qui ne peuvent s'assimiler une vie à la fois étrangère et présente en eux l'éliminent et finissent par la détruire. Voulez-vous donc que le catholicisme continue à vivre en France, et que la France puisse vivre par le catholicisme, il faut que les catholiques travaillent à s'adapter au milieu français contemporain et à s'y adapter de façon à ce qu'il s'établisse entre le milieu social et le catholicisme des échanges réciproques et continuels. Ce n'est qu'à cette condition que le vivant et son milieu forment un tout solidaire, car le milieu est, de l'aveu des naturalistes, comme un ensemble d'organes plus ou moins lointains lié aux organes les plus immédiats. Or, ici il ne s'agit pas d'une adaptation matérielle, il s'agit d'une adaptation idéale, morale. Pour établir donc la correspondance idéale entre le catholicisme et la vie sociale de la France contemporaine, il faut que les catholiques se rendent compte de la constitution du milieu idéal de notre France actuelle, il faut aussi qu'ils aient des organes spéciaux qui établissent la correspondance idéale entre la vie religieuse et le milieu social.

C'est ici que le rôle des femmes nous apparaît nettement. Elles sont, par nature et comme par destination spéciale, l'organe de la correspondance désirée. Les organes par lesquels les vivants s'adaptent à leur milieu sont les organes des sens. Or, les qualités mêmes qui permettent à ces organes d'accomplir leurs fonctions sont, d'une part, la délicatesse de leur sensibilité, de l'autre, leur puissance de pénétration. L'œil remplit d'autant mieux sa fonction qu'il est plus impressionnable et qu'il voit plus loin ; le toucher est d'autant plus délicat et plus renseigné que les doigts sont plus vibrants, plus fins et plus souples. Mais ces qualités de sensibilité, de délicatesse, de finesse, de subtile pénétration, ne sont-ce pas par excellence les qualités de la femme? Le rôle des femmes, leur fonction est donc bien déterminée par leurs qualités mêmes. Elles ont le génie de l'observation, la délicatesse innée, comprenant à demi-mot, devinant les impressions avant qu'elles ne se soient même traduites en pensées, elles excellent à insinuer et peu à peu à faire accepter ce qui, proposé d'abord en formules sèches, repousserait. De plus, elles sont partout, elles pénètrent partout ; elles savent, quand elles veulent, sans qu'on ose s'en fâcher ou même s'en étonner, pénétrer jusqu'au plus vif des consciences, soulever les questions que l'ami le plus cher et le plus intime oserait toucher à peine. Elles devinent, elles pressentent, elles insinuent, c'est donc bien elles qui doivent être l'organe principal de correspondance entre les diverses portions du milieu catholique intérieur d'abord, entre le milieu catholique et le milieu social ensuite. Voilà bien le rôle des femmes au dedans et au dehors du catholicisme.

Mais pour que la correspondance que nous désirons s'établisse, il faut que les femmes se rendent un compte exact du rôle qu'elles ont à jouer. Ce rôle, elles le jouent, qu'elles le veuillent ou qu'elles ne le veuillent pas, qu'elles le sachent ou qu'elles l'ignorent, elles le jouent puisque telle est leur fonction, mais elles peuvent le jouer bien ou le jouer mal, de façon à établir les plus larges correspondances entre les divers milieux, ou de façon à les restreindre au contraire, de façon à agrandir, à augmenter, à développer la vie ou de façon à la diminuer et à l'atrophier.

*
* *

Pour que la correspondance désirée puisse s'établir, il faut que les femmes connaissent la nature exacte du milieu social. Quels sont les caractères de la société civile contemporaine? En quoi s'opposent-ils aux caractères de la vie catholique et en quoi s'en rapprochent-ils? En quoi en diffèrent-ils? Par où peut s'établir la soudure et le point d'attache? Voilà ce qu'il importe au plus haut point de déterminer.

Or, si nous considérons ce qui caractérise la vie sociale moderne, telle qu'elle existe, ce par quoi cette vie se distingue de la vie sociale d'autrefois, c'est qu'autrefois c'était l'hérédité qui déterminait de façon naturelle et quasiment mécanique les fonctions des individus sociaux, tandis qu'aujourd'hui les fonctions sociales sont attribuées à l'individu, indépendamment de toute considération de naissance ou de famille. C'est un bien ou c'est un mal, peu importe, c'est un fait. C'est ce fait qui caractérise l'évolution de la société. La fonction sociale est attribuée à la force individuelle, au lieu de l'être, comme autrefois, à la force familiale. Dans un tel système, la fortune seule et les relations constituent une force héréditaire. Mais le mérite personnel, les dons de l'intelligence, de la volonté, prennent une part prépondérante, en sorte que la règle de nos sociétés modernes est bien exprimée en la maxime : « A chacun selon ses capacités. » Ce qui ne veut pas dire que toutes les attributions soient justes, que toutes les capacités soient utiles, mais ce qui veut simplement dire que tout dans l'état social tend à faire que l'individu ait une influence proportionnée aux seules forces dont il dispose à titre individuel. La conséquence à peu près inévitable d'une telle conception de l'attribution des fonctions sociales est l'établissement du régime démocratique et finalement républicain. Comment, en effet, quand aucune autre fonction sociale n'est plus héréditaire, quand les magistratures judiciaires ou civiles, quand les commandements militaires, quand aucune place ne se transmet plus par hérédité, seule, la fonction souveraine pourrait-elle se transmettre ainsi? Ce serait un illogisme flagrant. Nous sommes un peuple d'esprit trop logique pour n'avoir pas bien vite descendu la pente qui nous devait conduire de la monarchie parlementaire de 1830 à l'empire plébiscitaire et de l'Empire à la République. Nous y sommes depuis vingt-sept années. Aucune forme de gouvernement depuis plus d'un siècle n'avait chez nous duré plus de dix-huit ans.

Ces faits constatés, nous devons nous demander si l'esprit secret qui les commande et en a dirigé l'évolution est contraire ou conforme au catholicisme. Dans le premier cas, nous aurons beau faire, il y a entre le catholicisme et la démocratie une incompatibilité absolue et nous ne pourrions nous y adapter sans abjurer notre foi; dans le second, il nous serait permis d'espérer une adaptation et naturelle et féconde.

Or, on va bien nous répétant de droite et de gauche que le catholicisme est incompatible avec la démocratie, mais je ne vois pas que personne ait prouvé cette incompatibilité et le Pape, qui enfin doit bien s'y connaître un peu, croit si peu que cette incompatibilité existe qu'il exhorte tous les catholiques de France à accepter loyalement les institutions démocratiques.

C'est qu'en effet, quel que soit le zèle et même la rage sectaire de quelques démocrates, quel que soit le dévouement aux intérêts catholiques de quelques royalistes et de quelques aristocrates, le fond des doctrines n'est pas modifié par ces attitudes pratiques diverses. Un catholique, avant de proscrire la démocratie, est donc obligé de se demander si vraiment l'idée démocratique est essentiellement contraire à l'idée catholique.

Quelle est donc l'idée démocratique sur la nature de l'homme et quelle est l'idée catholique? L'idée démocratique repose tout entière sur l'égalité des personnes humaines, sur leur valeur et leur dignité. C'est parce que « les hommes naissent égaux en droits », ainsi que s'exprime la *Déclaration des droits de l'homme et du citoyen*, qu'ils sont tous égaux devant la loi et qu'ils peuvent tous également prétendre aux charges publiques ; c'est à cause de la dignité native de la personne humaine que les théoriciens de la démocratie déclarent que l'homme comme tel ne doit avoir pour maître aucun homme, qu'il ne doit s'incliner que devant la majesté surhumaine de la loi. Or, si nous examinons d'où sont venues à l'humanité ces deux grandes idées nous devrons — peut-être à notre surprise, tant nous connaissons peu les aboutissants sociaux de notre foi — nous devrons reconnaître qu'elles tirent leur origine des plus pures idées chrétiennes. Car c'est l'Évangile même qui proclame que Dieu ne regarde point aux personnes, *non est acceptio personarum apud Deum,* et Jésus n'hésite pas à placer les derniers avant les premiers dans le royaume des cieux. Il y a une égalité fondamentale des baptisés et des fils de Dieu, tous sont frères, fils du même Père qui est aux cieux, et si Dieu introduit parmi eux quelque inégalité, c'est par des raisons miséricordieuses qui échappent à nos raisonnements et à nos appréciations. D'autre part, s'il est enseigné par le Maître que nous devons rendre à César ce qui est à César, et si saint Paul nous apprend que nous devons obéir aux maîtrises établies, le même saint Paul a bien soin de nous avertir que la raison de notre obéissance n'est pas en l'homme, notre obéissance ne serait plus que servilité, mais en Dieu, car « tout pouvoir vient de Dieu — *omnis potestas a Deo* »; donc, l'homme chrétien quand il obéit aux hommes ne le fait que pour obéir à Dieu. Fils du Père céleste, frère du Christ Homme-Dieu, le chrétien ne peut plus être vis-à-vis des hommes ni esclave ni sujet, il ne s'agenouillera que devant la Majesté divine, il respecte en lui-même le sang de Jésus qui l'a racheté, la marque de la paternité divine. C'est pourquoi saint Léon disait : « Reconnais, ô chrétien, ta dignité... et ne laisse pas amoindrir ni avilir en toi le corps dont tu es le membre. »

Qu'en pensez-vous ? Voyez-vous une contradiction entre l'esprit catholique et l'esprit démocratique ? Ou bien plutôt n'y voyez-vous pas une identité ? C'est le même esprit, ce sont les mêmes pensées, presque les mêmes expressions et presque les mêmes formules. Et je le crois bien si vraiment, comme il serait aisé de le démontrer, comme l'a fait récemment le P. Maumus (1), les idées maîtresses de la *Déclaration des droits*, où sont formulés les Principes de 1789, ne sont que des

_____

(1) *L'Église et la France moderne*, c. VII, VIII. 1 vol. in-12, LECOFFRE, 1897.

conséquences de l'Évangile. Je sais bien que de ces Principes on a tiré une doctrine anarchique et révolutionnaire, une doctrine d'envie et de haine, destructive de tout lien social, je sais bien qu'on a prétendu rassembler toute la doctrine démocratique dans cette odieuse formule : « Ni Dieu ni maître ! » et que, par un orgueil insensé, on a voulu la faire aboutir à la divinisation, à l'adoration de l'homme. Mais je sais aussi que, si c'est là la Révolution et ce que Joseph de Maistre signalait en elle d'insupportable et de satanique, ce n'est pas là la démocratie. Le respect de la loi, l'obéissance à la loi sont plus nécessaires peut-être dans une démocratie que partout ailleurs et voilà pourquoi la reconnaissance de la souveraineté et de la maîtrise divine est quelque chose d'essentiel à la véritable idée démocratique. Car notre Dieu qui voulut nous appeler non pas ses esclaves, mais ses enfants, notre Dieu n'est pas un tyran aveugle et capricieux, notre Dieu se nomme Raison, il se nomme Justice et par conséquent il est la personnification la plus haute, la plus pure, la plus parfaite de la Loi. En sorte que la vraie maxime démocratique : Ne reconnaître qu'une seule maîtrise, celle de la Loi, doit se traduire nécessairement ainsi : Un seul Maître, Dieu.

Et voilà bien, je pense, le catholicisme réconcilié avec la démocratie. A vrai dire ils sont frères, sortis tous les deux de l'Évangile, donnant, tous les deux, satisfaction aux plus nobles besoins de la race humaine en même temps qu'aux nécessités sociales. Et ni le catholicisme ne pouvait se développer et grandir sans que le ferment démocratique qu'il contient arrivât un jour ou l'autre à produire ses conséquences sociales, ni la démocratie ne pourra vivre si elle ne sait pas demander au catholicisme le secret du respect du pouvoir et de l'obéissance aux lois. En sorte qu'en prêchant l'union du catholicisme et de notre démocratie nous accomplissons un devoir religieux autant qu'un devoir civique, un devoir civique en même temps qu'un devoir religieux.

Et voilà maintenant où se découvre le rôle des femmes. Elles doivent travailler à infuser l'esprit démocratique dans la société catholique, à montrer partout au dehors la valeur sociale de l'esprit catholique. Au dedans vivifier l'esprit civique, au besoin le changer et le réformer ou peut-être le créer ; au dehors le faire voir et le faire apprécier comme découlant des inspirations religieuses.

Ce n'est un secret pour personne que la société catholique a longtemps boudé les institutions démocratiques. On a fait du monde deux parts : les « bien pensants » et les « mal pensants », et on a vécu entre soi, mettant des œillères, fermant les oreilles aux bruits du dehors. On vivait dans son propre pays comme dans une cloche à plongeurs, lisant de vieux livres ou de vieux journaux qui, écrits du jour même ou de la veille, exhalaient malgré l'odeur de leur encre d'imprimerie toute fraîche, comme un relent de toutes les idées passées et de toutes les choses mortes. Cependant on jouait, on dansait, on chassait, on causait, périodiquement on se présentait aux élections et à chaque fois diminuait le nombre des voix. Des lois étaient votées qui tarissaient à leur source les œuvres des catholiques, le recrutement de leur clergé, la conservation même de leur foi. On avait eu le pouvoir en main, le pays presque tout entier pour client, on a tout perdu. Au moment où le pays ne voulait plus accepter de monarchie on se disputait pour savoir quelle serait la meilleure des monarchies. On s'appelait « conservateur », on rappelait avec des soupirs le passé, on était « réactionnaire ». On se moquait des républicains, on les raillait, ils ne savaient ni recevoir, ni faire danser, ni même donner à dîner. En attendant ils gouvernaient, ils étaient les maîtres et le faisaient voir.

Les femmes ont eu dans cette lutte mondaine une grande responsabilité. Les psychologues en donnent pour raison que les femmes sont superficielles, qu'elles sont ennemies des nouveautés, et comme ils disent : *misonéistes*. Je ne crois pas à ces raisons. La véritable est que les personnages évincés du pouvoir par la poussée démocratique, appartenant aux classes les plus polies et les plus élégantes de la société, ont cru se donner un vernis d'élégance et de politesse en les imitant. Comme leurs femmes fermaient leurs salons, de même on ferma le sien ; comme elles ne voyaient pas les gens mal pensants, de même on ne les vit pas. La vérité, c'est que ces gens « mal pensants » pour la plupart n'appartenaient pas au monde, à ce que l'on est convenu d'appeler la « société ». C'est ce qui avait fait vis-à-vis de leurs électeurs, de leurs comités, une partie de leur force. Au lieu de les repousser il eût été infiniment plus adroit de mettre toute son habileté à les attirer : ne les eût-on pas convertis qu'on serait toujours arrivé à leur donner quelques idées, quelques impressions différentes de celles qu'ils apportaient des milieux purement politiciens.

Et le monde n'avait que sarcasmes pour ceux

qu'il voyait partir de rangs inférieurs et s'élever peu à peu. Cependant qu'arrivait-il? C'est que ceux qui s'élevaient, qui, parfois, hésitaient sur la route à prendre, regardés avec hauteur par les « bien pensants », allaient porter au camp opposé l'appui de leur force intellectuelle, de la vigueur de leur volonté. Avouons entre nous que les catholiques n'ont pas été généreux, qu'ils n'ont pas su reconnaître l'importance sociale des intelligences. Voyez comment dans le camp des libres penseurs on a su pousser un Burdeau. Dans leur période héroïque, ils ont su avoir des chefs et les écouter. Cherchez parmi les catholiques quels ont été leurs Burdeau et leurs Gambetta. — Si nous voulons vivre il faut changer de façons de faire. Il faut que chez nous on sache respecter toutes les forces sociales, que les femmes qui ont un salon les appellent et leur donnent la valeur mondaine qu'elles méritent dans la proportion même où elles la méritent. La naissance, la fortune, les relations sont des forces sociales, les seules que jusqu'ici les catholiques aient reconnues, il y en a d'autres peut-être plus importantes : le talent, le caractère, fussent-ils même accompagnés de quelque gaucherie extérieure ou de quelque faute de tenue. Il faut donc appeler au monde les forces sociales qui peuvent rendre service et proportionner les honneurs qui leur sont rendus à leurs mérites, c'est-à-dire aux services mêmes qu'elles ont rendus ou sont à même de rendre.

Ainsi les honneurs et les faveurs du monde iront non plus aux oisifs, ou à ceux qui savent conduire un cotillon, mais aux laborieux et aux travailleurs qui peuvent d'ailleurs n'être ni moins élégants ni moins souriants que tous les autres. Cette révolution dans l'appréciation des hommes est aux mains des femmes. Et qu'elles ne craignent pas en appelant ainsi à elles des hommes nouveaux de susciter des concurrents à leurs maris, à leurs frères ou à leurs enfants. L'honneur rendu à l'homme qui s'est fait tout seul, au *self-made man*, comme disent les Américains, excitera les maris, les frères et les enfants, les enfants surtout, au travail et à l'effort. Le mal dont périssent à la fois la noblesse et la bourgeoisie françaises, c'est la fausse idée qu'ont les jeunes gens que la noblesse de la vie consiste dans l'oisiveté, tandis que la noblesse véritable consiste dans le travail et dans le rayonnement des services sociaux. La vie d'un ouvrier maçon ou d'un simple terrassier est plus noble que celle du gentilhomme qui ne s'occupe que de ses chiens de chasse ou de ses chevaux de course. Mais elle est assurément plus noble encore que la vie de l'ouvrier, celle de l'écrivain qui proclame la vérité, du savant qui découvre les lois naturelles, de l'industriel qui crée un produit utile, de l'homme d'État qui prend soin du bien public, du soldat qui veille à la défense de tous, du prêtre qui console la misère humaine et lui ouvre les portes du Ciel.

Si seulement les femmes avaient une fois changé l'esprit de la société des baptisés, de tous ceux qui font profession d'appartenir à la religion catholique, elles nous auraient rendu le plus signalé service. Leurs fils, leurs frères, leurs maris auraient une tout autre conception de la noblesse et de l'idéal de la vie. Ils auraient moins de goût pour l'amusement, moins de répugnance pour l'effort. C'est une tentation bien dangereuse que de joindre l'estime mondaine aux sollicitations de la paresse naturelle. Estimons avant tout et le travail et l'effort. Faisons-le voir. Et donc ne méprisons pas, ne regardons pas avec hauteur, ceux que nous appelons des parvenus, honorons-les au contraire. Mettons à leur place, qui doit être la première, le talent et l'intelligence mis en valeur par le caractère, ayons des égards pour la naissance, ne marquons pas vis-à-vis de la fortune et de ses signes extérieurs une estime exagérée.

Pour cela aimons la simplicité et travaillons à ne plus donner au luxe la place énorme qu'il a su prendre partout. Nous nous plaignons des tripotages et des concussions. Songeons qu'en un sens ce sont les pratiques mondaines qui les ont causés. Des gens qui étaient les premiers de l'État ont dû souffrir de ne pouvoir mener le train que menaient autour d'eux d'autres hommes qui n'avaient d'autre fonction que celle de s'amuser.

*
 * *

Demander aux femmes chrétiennes qu'elles s'efforcent de diminuer autour d'elles et la souffrance et la gêne, cela paraît inutile, car c'est leur demander de faire cela même qu'elles font déjà. Je crois cependant que l'on peut leur adresser cette demande et que l'on y peut trouver quelque nouveauté. Car on peut soulager les souffrances, alléger la gêne autrement que par l'aumône, autrement même que par le dévouement héroïque et le large don de soi. On le peut par l'économie. Que l'on ne s'étonne pas. Je me fais fort de démontrer qu'il y a une manière d'agir qui peut augmenter les ressources des autres sans diminuer les nôtres, en les accroissant même et en les rendant disponibles pour de plus libérales largesses. Déclarons en effet la guerre au luxe ; que celles qui donnent le ton dans le monde, au lieu de chercher sans cesse à inventer de nouvelles formes somptuaires dans leurs toilettes, dans la tenue de leur maison, dans le service de leur table ou l'ordonnance de leurs fêtes, s'efforcent au contraire, tout en restant dans les limites de l'hospitalité généreuse, de la bonne grâce ornée et parée même, de retrancher quelque peu à leurs dépenses en chaque occasion. Pour cela il suffit de sacrifier non pas ce qui dans les biens que nous communiquons aux autres peut leur servir ou leur plaire, mais ces inventions coûteuses, ces raffinements inédits où chacun cherche à l'emporter sur les autres, qui n'ajoutent rien au bien-être des invités, puisqu'ils n'y ont pas songé, qui ne servent qu'à la gloriole des maîtres de la maison. Ce sont précisément les choses qui coûtent le plus. En les épargnant nous ne manquons donc pas aux lois de l'hospitalité même la plus généreuse, nous ne privons que nous-mêmes. C'est à notre vanité que nous retranchons. Y a-t-il une chrétienne qui osera contester que cette économie, n'eût-elle pour résultat que d'alourdir sa bourse d'aumônes, serait une économie louable et digne d'un disciple du Christ ?

Mais cette économie a bien d'autres contre-coups. Songe-t-on, lorsqu'on se livre aux raffinements du luxe, soit qu'on suive la mode, soit qu'on la fasse soi-même, que de toute manière on crée autour de soi un entraînement, qu'on propage une onde de dépense et de prodigalité que les invités, en rendant les politesses, se croiront forcés d'imiter, si même ils n'estiment pas devoir renchérir ? que souvent ceux qui se jugent ainsi obligés à la dépense sont ceux qui sont le moins en état de la supporter ? Combien de ruines, de faillites, de déshonneurs, de tristes drames, d'impures bassesses, de douloureuses ignominies, que de pertes d'âmes pour avoir voulu briller, pour ne pas laisser deviner que la pauvreté ou la gêne pouvait forcer de demeurer en reste ! Que les riches donc fassent aux moins riches l'aumône de l'exemple sinon de la simplicité tout au moins de la modération. A la place de la gêne une élasticité se fera sentir et l'onde d'allègement se propagera des premiers rangs de la société aux plus basses couches du peuple. Car le luxe de la grande dame engendre celui de l'ouvrière et la simplicité de l'une finirait par être imitée par l'autre. Le luxe des riches, par l'imitation qu'il suscite, pèse sur les pauvres. Déchargez la société de ce poids, vous allégez tout le monde. Mais c'est par en haut qu'il faut décharger. C'est aux riches à donner l'exemple. Je n'ai pas autorité pour conseiller à toutes les dames chrétiennes de se faire tertiaires de Saint-François. Cependant je vous assure qu'il y aurait un grand pas de fait vers la solution des questions sociales le jour où l'esprit du Tiers-Ordre franciscain régnerait dans la société. Les économistes nous disent que les dépenses de luxe enrichissent tout le monde parce qu'elles font aller le commerce, mais le moraliste constate que l'argent que le luxe fait gagner ne saurait suffire à payer les dépenses inutiles dont il excite le désir. Voyons donc les conséquences de cet acte d'évangélique abaissement. Rapetissons-nous pour rendre autour de nous la vie plus facile, abaissons les branches de l'arbre de la vie pour qu'on puisse autour de nous plus aisément en cueillir les fruits.

*
* *

Ayant ainsi le respect du talent, de l'intelligence, du travail et de l'amour de la simplicité,

la société catholique aura déjà tout l'essentiel de
l'esprit démocratique. Car elle sera accoutumée
dès lors à estimer les hommes d'après leur valeur
individuelle et non pas seulement d'après leur
nom ou le chiffre de leur fortune. Elle mesurera
donc l'estime qu'elle fait des gens à leur personne
et non pas à leur héritage. Elle sera par là même
au point de vue purement démocratique, elle
jugera alors l'idée démocratique telle que nous
l'avons définie plus haut. Et c'est aux femmes,
maîtresses absolues de la composition de leurs
salons et des honneurs qu'on y rend, que sera dû
ce changement d'opinion, cette révolution dans
les habitudes d'appréciation de la société française. Ainsi peu à peu les hommes, les femmes
du monde apprécieront à leur valeur le talent,
l'intelligence, le travail ; ils apprendront le respect
dû à tout homme et à tout effort, ils ne verront
pas dans l'homme du peuple seulement un serviteur ou un électeur, mais surtout une personne morale, une âme d'homme, de fils de Dieu, égale en
valeur à la leur propre, digne d'estime, de respect,
à laquelle on ne s'adresse qu'avec les formes sérieuses, ni hautaines, ni condescendantes, qui
conviennent entre égaux. C'est aux autres et non
pas à nous à marquer les distinctions et les rangs.

Ce respect de l'intelligence amènera d'autres conséquences. La science, l'instruction seront appréciées en elles-mêmes et non pas comme de simples moyens de tactique ou de défense. Les catholiques comprendront la valeur de la science désintéressée, ils exerceront une pression, s'il le faut, pour que les établissements auxquels ils confient l'éducation de leurs fils, de leurs filles en particulier, soient à la hauteur de tous les autres. Ils favoriseront la presse catholique et non pas seulement la presse populaire, mais la grande presse, le journal quotidien de doctrine, à informations sérieuses, la revue qui leur indiquera le mouvement des idées, leur en découvrira le sens, les confrontera aux principes et les renseignera sur ce qu'il faut lire pour ne pas se laisser déborder et devancer par la vie incessante du siècle.

Car cette adaptation dont nous parlons ne peut pas être établie une fois pour toutes, elle doit être incessante et ne peut se maintenir que par un effort constant. Mais cela même est la vie. Pour aboutir au résultat que nous espérons, pour faire de la société des catholiques, au lieu d'une société conservatrice ou même réactionnaire, une société progressiste qui, loin de suivre à la remorque le mouvement vital de son temps, y contribue au

contraire, le crée et même le devance par intervalles, il faut se tenir en correspondance constante non seulement avec le courant vital des
événements et des idées, « se tenir au courant »,
comme on dit, mais encore se rendre compte du
sens du courant pour le suivre et le favoriser, s'il
est bon, pour le canaliser s'il s'égare, et, sans
jamais vouloir le forcer à remonter en arrière,
le diriger du côté de la justice et de la vérité
éternelles.

N'est-ce pas un noble rôle qui se présente ici
aux femmes françaises ? Et ce rôle ne vaut-il pas
celui qui consiste uniquement à faire des ma-
riages ou à organiser des ventes de charité ?
D'autant que l'un ne va pas sans l'autre. Il s'agit
bien moins de changer le train matériel du monde
que d'en transformer l'esprit. Or, que faut-il pour
cela ? Simplement que dans chaque ville, que dans
chaque région un peu habitée, quelques maîtresses
de maison intelligentes, ayant déjà une situation
mondaine ou aspirant à l'acquérir et disposant de
moyens nécessaires pour cela veuillent bien se
pénétrer des pensées que nous venons de développer. Elles se garderont bien d'annoncer leur
dessein, ce qui vaut mieux, elles se mettront à
l'appliquer ; sans négliger leurs anciennes rela-

tions elles verront s'il ne leur serait pas possible de les étendre du côté des intelligents, des laborieux, de ceux qui tendent à s'élever et qui cependant sont attachés à notre foi. Qu'ensuite elles honorent les succès de l'intelligence et du travail, qu'elles sachent marquer discrètement leurs prédilections raisonnées. Le reste viendra tout seul. Et je ne dis pas qu'il ne faille pas du doigté et de la délicatesse pour réussir, mais je crois le succès possible et quand on s'adresse aux femmes on est en droit de leur demander du doigté et de la délicatesse.

*
* *

Quant au rôle de la femme à l'extérieur du catholicisme, il sera la conséquence même de celui que nous venons de décrire pour l'intérieur. Nos salons n'étant plus des parlottes fermées où on ne s'intéresse que de très loin à ce qui se fait au dehors, ne seront plus inhospitaliers pour quiconque ne pense pas comme nous. Les idées générales, les faits de la science et de l'art fourniront un premier terrain commun. Les règles d'appréciation étant devenues les mêmes quant au mérite des gens nous ne risquerons plus d'étonner, en même temps que par nos ignorances, par nos jugements, et nos récriminations. Nous donnerons ainsi l'impression soit chez nous, soit hors de chez nous que, pour être catholiques, nous ne sommes pas pour cela des « émigrés à l'intérieur », que nous vivons de la même vie que tous nos contemporains ». Et cela sera, je vous assure, déjà une excellente apologie de notre foi. Le grand reproche que l'on fait au catholicisme c'est de tuer en l'âme la vie de l'esprit, la vie intellectuelle aussi bien que la vie morale et sociale. Une femme catholique instruite, spirituelle, qui fait voir qu'elle s'intéresse à toutes les choses sociales, qu'elle vit de la vie morale commune, fait autant pour la défense de sa foi qu'un très docte apologiste. Or, par la mise en pratique des considérations qui précèdent, la vie catholique sera activée, mise en correspondance avec l'ensemble de la vie sociale, il s'ensuivra donc que les catholiques, et les femmes en particulier, donneront l'impression et le spectacle de la vie. Ce sera une apologétique en robe de satin ou de velours qui en vaudra bien une autre. Nous ne sommes donc pas morts puisque nous vivons ; notre intelligence ni notre civisme ne sont donc pas étouffés et nous pensons comme tous les autres et nous agissons. Nos femmes sont donc autre chose que les perruches qu'on se figure et les couvents font de nos filles et de nos sœurs autre chose que de petites « oies blanches ».

Et pour donner cette impression de vie au dehors ne faudrait-il pas que les femmes se mêlassent davantage aux œuvres de moralisation et d'assistance morale alors même qu'elles n'ont pas un caractère confessionnel ? La société des prisons, la ligue pour le repos hebdomadaire, les sociétés de tempérance ont-elles parmi les femmes catholiques assez de membres actifs ?...En Angleterre, en Suisse, ce sont les dames qui sont les agents les plus zélés de toutes les sociétés de tempérance. Il est triste de dire qu'en France les catholiques ont laissé se fonder en dehors d'eux une ligue contre l'alcoolisme, une ligue contre la dépopulation. On dirait que nous n'aimons pas la morale pour la morale, que l'intérêt national ne nous préoccupe qu'autant que nous y voyons très clairement mêlé un intérêt religieux. Est-il croyable qu'en Bretagne, là où le clergé a encore tant d'influence, l'alcoolisme opère tant de ravages même chez les femmes sans qu'on ait même essayé de fonder une société de tempérance, sur le modèle de celles qui réussissent à Londres ou à New-York ? Nos femmes chrétiennes et françaises devraient donner le branle à ce mouvement là où il n'existe pas, s'y mêler et le suivre là où il existe. Et je ne trouverais pas mauvais non plus que les sociétés purement scientifiques trouvassent accueil et appui auprès des femmes chrétiennes. Tout ce qui favorise l'ascension humaine vers le bien, le vrai, le juste, le beau, tout cela, si ce n'est pas encore le christianisme, en est comme la préface naturelle et indispensable. Je ne veux dire aucun mal des congrégations et des confréries, je n'en pense que du bien, mais il me sera bien permis de dire que la présence d'une femme catholique connue comme telle à l'assemblée d'une œuvre moralisatrice ou scientifique a aussi sa valeur d'édification. Et je ne demande pas qu'on abandonne pour ces assemblées les congrégations et les confréries, mais que, continuant à coopérer aux œuvres anciennes, on sache aussi montrer que l'on s'intéresse aux autres. On nous accuse de ne point vivre, comment pouvons-nous répondre sinon en montrant par l'expérience que nous sommes partout où il y a du bien à faire, une misère morale ou matérielle à prévenir ou à soulager?

Enfin les femmes chrétiennes pourront donner aux autres l'exemple du respect des lois morales

dans les relations économiques, l'exemple de la
justice. Si elles voulaient bien éviter les marchan-
dages trop rigoureux, si elles prenaient plus de
peine pour s'adresser directement aux ouvrières
plutôt qu'à des intermédiaires qui avilissent le
prix du travail, si, par une prévision plus attentive, elles s'efforçaient de ne pas imposer aux cou-
turières les veillées tardives et le travail du dimanche, elles auraient fait faire un grand pas à
l'allégement des questions sociales. Les femmes
chrétiennes sont encore, Dieu merci, chez nous,
la majorité, elles gouvernent encore l'opinion du
monde. Qu'il serait beau à elles de prendre en
main la cause de la justice sociale ! Il suffirait
pour cela qu'elles fussent pénétrées de cette pensée que l'ouvrier, que l'ouvrière ont droit à un
salaire en rémunération de leur travail et à un
salaire qui puisse satisfaire à leurs besoins légitimes. Nous voulons qu'on ne nous fasse pas payer
trop cher, nous avons raison ; consentons donc
pour notre part à ne pas payer trop bon marché
et, désireux avec raison de ne nous pas laisser
exploiter, ne devenons pas nous-mêmes des exploiteurs. Songeons que dans cette lutte atroce
de la concurrence économique, qui est bien une
lutte pour le pain, une lutte sauvage pour la vie,

les forts résistent toujours et que les petits suc-
combent. Songeons que nous sommes pour une
part responsables si des ouvrières sont acculées
au suicide de leur vie ou de leur vertu. Les femmes
chrétiennes sont admirables d'héroïsme, de dévouement et de charité. Je les voudrais plus pré-
occupées de justice. Soulager la misère est bien,
l'empêcher de naître est mieux. Nous devons du
moins nous y efforcer. Être juste est moins glorieux qu'être charitable. On ne fait que ce qu'on
doit. Le salaire justement donné ne nous vaut pas
des bénédictions. Nous sommes moins fiers de
nous-mêmes après avoir payé une dette qu'après
avoir fait l'aumône. Mais celui à qui nous avons
payé son salaire est plus fier aussi que le pauvre
secouru. C'est donc nous seulement qui perdons
en fierté et en dignité, la somme totale de la fierté
humaine ne diminue pas; la dignité n'y perd pas.
Vive donc la justice qui nous empêche de nous
exalter et qui relève les autres ! Je voudrais que
les catholiques eussent plus que tous les autres le
respect, je dirais la passion de la justice. Juger
quand il s'agit des autres comme s'il s'agissait de
soi-même ; reconnaître le droit d'autrui, entrer
dans son personnage et dans sa pensée pour le
juger équitablement, que cela est difficile, mais

que cela est indispensable à quiconque veut être
juste ! Et peut-on, si l'on n'est pas juste, du moins
si l'on ne s'y efforce pas, oser se dire chrétien ?
« Aimons donc le royaume de Dieu et sa justice
et tout le reste nous sera donné par surcroît. »

Tout le reste, oui, tout le reste. Les femmes
chrétiennes peuvent, si elles le veulent, nous donner ce tout le reste. Pénétrées de la nécessité
d'adapter la société catholique à l'évolution sociale, non seulement elles ne feront pas obstacle
à l'introduction de l'esprit démocratique et de
l'esprit civique dans les milieux chrétiens, elles
favoriseront au contraire l'expansion de cet esprit,
au besoin elles l'introduiront elles-mêmes. Elles
aborderont vaillamment, en face, les idées d'égalité, de justice, de liberté qui mènent le monde.
Elles les adopteront et sauront les imprégner de
leur douceur et de leur christianisme. Elles entre-
ront hardiment comme chez elles dans la République et si Marianne leur fait peur, qu'elles se
rassurent : quand Marianne sera convaincue qu'on
n'en veut pas à sa vie, mais seulement à ce que
symbolise son bonnet rouge, elle fera volontiers
le sacrifice de son bonnet. Et peut-être à son contact les élégances quelque peu mièvres gagneront-

elles quelque grâce franche, quelque charme robuste et fier.

Ayant ainsi réformé l'esprit public chez les catholiques les femmes pourront après entreprendre une réforme des mœurs. Accueillantes aux talents chrétiens, soucieuses de les soutenir et de les produïre, elles mettront au premier rang de leur estime les énergies laborieuses, et les jugements sociaux peu à peu se formeront sur le leur. Comme autrefois les dames des chevaliers elles exciteront à l'effort. Grâce à leur exemple le luxe peu à peu se relâchera, pèsera d'un poids moins lourd sur les fortunes médiocres. L'idéal des mères ne sera plus de découvrir pour leur fils unique une riche héritière qui lui donne très peu d'enfants. Ayant moins de besoins, estimant moins le luxe que le travail, sentant combien est précaire en nos temps le bien-être qui ne repose que sur la fortune acquise, les jeunes filles se composeront un idéal de vie sérieuse, à côté de leur mari, peuplée de beaucoup de babils et de rires enfantins. Les enfants plus nombreux sentiront la nécessité de travailler et d'agir. Comptant davantage sur leur travail ils seront moins exigeants sur les dots de leurs compagnes futures. La presse catholique mieux soutenue pourra prospérer et rivaliser avec l'autre. Ainsi peu à peu se renouvellera, sous la bienfaisante influence des femmes chrétiennes, l'esprit même des catholiques.

Et au dehors cette influence ne produira pas moins de bienfaits. La société catholique s'intéressera à tous les mouvements de l'idée, à toutes les tentatives pour promouvoir le bien et le vrai. Pénétrées de l'idée de la justice, de la portée du devoir social, les femmes chrétiennes feront rayonner partout leur idéal de vie juste, pure, intelligente et bonne. Et ainsi elles montreront, là même où il n'y aura pas lieu de parler expressément de catholicisme, la profondeur et la puissance de la source où elles puisent la vie. Elles donneront, au milieu d'un monde qui prétend que le catholicisme atrophie les puissances de l'âme et les tue, le spectacle d'une vie inépuisable, toujours plus haute, sans cesse élargie et sans cesse rayonnante. Devant ceux qui les prétendent atrophiées ou mortes déjà elles se feront voir debout dans l'expansion sereine, admirablement douce et majestueuse de leur action, dans la plénitude intégrale de la vie.

16 Février 1898.

VI

L'ÉDUCATION VERBALE

A PROPOS DES « DÉRACINÉS » DE M. MAURICE BARRÈS (1)

Sous ce titre quelque peu surprenant au premier aspect, « LES DÉRACINÉS », M. Maurice Barrès nous donne le premier volume d'une trilogie qu'il appelle : *Le Roman de l'énergie nationale*. Un second volume destiné à *La Quinzaine* se nommera : *l'Appel au Soldat ;* le troisième : *l'Appel au Juge.* Et ainsi seront racontées et scrutées dans leurs causes profondes les années de notre troisième République où nous avons vu l'opportunisme d'abord triompher, puis se dégrader et se corrompre dans les trafics, soulever ce haut-le-cœur national qui s'appela le boulangisme, sombrer enfin dans les scandales du Panama. Ce n'est cependant pas l'histoire de ces années que M. Barrès a voulu écrire. Il ne pense pas que si près des événements et des acteurs on puisse le faire ; à peine un juge d'instruction en est-il capable. Mais

(1) *Les Déracinés,* 1 vol. in-18. FASQUELLE, 1897.

il n'a pas cru devoir se priver de nous donner quelque chose de mieux que l'histoire anecdotique et particulière, liée à quelques dates réelles, au nom et à la personne de quelques fragmentaires individus. Il a voulu se rendre compte du déterminisme intérieur de l'évolution qui s'est produite de 1880 à 1892, s'expliquer à lui-même et nous expliquer la suite générale de ces trois événements : le parlementarisme opportuniste, le boulangisme, le panamisme. Pour cela il a choisi un thème fictif, des acteurs observés ou imaginés qu'il a faits représentatifs de groupes divers et après avoir raconté les gestes concrets des acteurs il s'attache à en découvrir les ressorts, à mettre à nu le mécanisme moteur. Il a fait ainsi et à un rare degré œuvre à la fois de romancier, d'historien et de philosophe. De là un parallélisme constant de l'abstrait et du concret, qui fait à la fois le mérite et l'originalité du livre. C'est tout à fait la manière de Taine. Ce grand psychologue, dans tous ses livres, part toujours des faits concrets dont il découvre après les lois abstraites. Et tantôt le fait concret n'est que le support de l'explication abstraite, comme dans l'*Intelligence*, tantôt il forme le principal du récit, comme dans la *Littérature anglaise* ou les *Origines de la France contemporaine*, mais partout et quelle que soit l'importance diverse donnée ou à la théorie abstraite ou au fait concret, les deux sont liés, et le fait se résout toujours en explication abstraite. Ainsi procède M. Barrès : le fait n'est pour lui que le geste de l'idée, le dehors d'une réalité intérieure qui a ses origines dans l'ensemble du déterminisme social. Taine seulement mettait à la fois dans ses descriptions et ses récits bien plus de vivacité et de couleur, bien plus de rapidité précise dans ses explications. M. Barrès est moins vif et non pas moins passionné, ni moins bon observateur, mais d'une passion plus retenue, d'une observation plus nuancée. Il relève des traits légers, il trouve une signification à des ébauches de discours, à des commencements d'actes que Taine eût volontiers négligés. De là, pour lire M. Barrès, une réelle difficulté. On le lira cependant car il le mérite. Par la grâce de sa nature; si l'on veut, de son génie, même là où il est le plus abstrait, même où il ne s'applique nullement à plaire, il attache en vérité par les fils ténus et mystérieux d'un invincible agrément.

Ce roman marque d'ailleurs dans l'œuvre de M. Barrès un remarquable progrès. Jusqu'ici ses principaux livres : *Sous l'œil des barbares, Un*

Homme libre, le *Jardin de Bérénice*, n'avaient eu pour but que la description d'un être individuel et qui en somme pouvait passer pour exceptionnel. Le style, que l'on sentait très soigné et très travaillé, arrivait plutôt à faire sentir ce que l'écrivain voulait dire qu'à l'exprimer en des formes claires et vraiment adéquates au génie français. De là quelque chose de très particulier qui aussi bien n'était pas sans charme. Des rayons de lune, du clair-obscur. Maintenant c'est à un sujet social, général, qui intéresse la vie nationale que s'attaque M. Barrès. Et son style en même temps, sans rien perdre de ses dons natifs, atteint à plus de clarté, à plus de ferme vigueur. M. Barrès, il faut l'en louer, a sacrifié les formes les plus rares de son style d'autrefois, celles que plusieurs avaient admirées en lui. Il a cherché à traduire exactement avec probité et sincérité les tons différents de sa pensée. En sorte que ce livre de haute conscience sociale l'est aussi de conscience littéraire.

*
* *

Voulant nous peindre et nous expliquer la chute de l'opportunisme satisfait, M. Barrès a pensé que rien ne pourrait mieux en rendre compte que l'histoire des états d'esprit par où a passé la génération des jeunes gens qui étaient sur les bancs des classes de philosophie vers 1880, enfants de la veille, hommes de demain. Il prend donc sept jeunes Lorrains qui, dans la classe de philosophie du lycée de Nancy, en 1880, achèvent le cours de leurs études classiques : Sturel, Suret-Lefort, Riemerspacher, de Saint-Phlin, Racadot, Mouchefrin et Renaudin. Tous les sept, une fois bacheliers, viennent à Paris et c'est de leurs aventures, aventures sensuelles, aventures idéales, aventures de misère et de crime même pour deux d'entre eux qu'est fait le roman. Ces aventures nous représentent le retentissement des événements sociaux sur la jeunesse française lettrée. Comment la société réagit sur eux et comment ils réagissent sur elle, c'est tout le sujet du livre. On en voit à la fois dès le début toute la portée.

Si ces jeunes gens sont ce qu'ils sont, cela tient, selon M. Barrès, à la façon dont ils ont été élevés. Aux dernières heures de leur adolescence, aux premières de leur jeunesse, ils ont reçu sur les bancs de la classe de philosophie une haute initiation. Ils ont été mis face à face avec les lois de la raison pure, avec l'impératif absolu de la raison pratique. Au moment même où ils entraient en philosophie, en face d'eux montait dans la chaire du lycée de Nancy un homme jeune, pâle, aux paroles animées d'une conviction ardente, à l'éloquence à la fois passionnée et abstraite, qui joua depuis un rôle important dans le gouvernement du pays, s'éleva aux premières charges, dont la mort fut presque un deuil national et dont la mémoire a depuis sombré dans un déshonneur posthume. M. Barrès l'appelle Paul Bouteiller. Il lui prête d'ailleurs certains traits et certains actes qui n'appartiennent pas en réalité au modèle original. Aussi bien Paul Bouteiller n'est-il pas un portrait particulier, c'est un type et nous le connaissons bien.

Paul Bouteiller est la vertu, l'austérité, l'intransigeance même. Paul Bouteiller n'est pas une conscience, il est « la » conscience. Tous ses actes sont dictés par l'impératif moral. La maxime kantienne : « Agis toujours de telle sorte que la maxime de ton action puisse être érigée en loi universelle », est la loi de sa vie et il s'y réfère en toute occasion. Dès l'École normale déjà il ne peut souffrir qu'un impur demeure parmi les purs, il exige le renvoi d'un camarade accusé de vol et que tous les autres consentaient à pardonner. Son civisme ne peut pas plus supporter les tièdes que :

sa vertu les défaillants : à Nancy il est l'espion de Gambetta et plus d'un fonctionnaire lui doit sa révocation. A ses yeux il n'y a ni famille, ni province, il n'y a que le gouvernement et la loi. Cependant il fait par son geste dédaigneux sentir devant les élèves au proviseur et au censeur — qui pourtant sont ses chefs et ses supérieurs — combien il s'estime au-dessus d'eux. Il reçoit en bras de chemise, dans une chambre défaite, sans même offrir une chaise, la mère d'un de ses élèves, catholique et titrée, pour bien marquer les distances entre un démocrate venu du peuple et les anciennes aristocraties. Rien d'ailleurs ne peut faire prévoir alors que plus tard son nom pourra être cité parmi ceux des concussionnaires. L'heure du luxe et des soupers dans les restaurants de nuit n'a pas encore sonné. Elle n'était alors ni prévue ni peut-être désirée même.

Aux yeux de cet homme austère le devoir est la seule règle de la vie. Et la loi de l'État indique en chaque occurrence quel est le devoir. L'État, représentant ce qu'il y a de plus général parmi les hommes groupés en nations, exprime par ses décrets la loi générale. La conscience morale se confond avec le civisme. Et le civisme consiste à obéir à la loi, à se soumettre au gouvernement.

Cet homme qui, au nom de la raison pure et de la philosophie, prêche à ses élèves l'affranchissement de la pensée, qui les invite à se placer par l'esprit en dehors et au-dessus de tous les dogmatismes, dans les régions libres de la critique désintéressée, est le plus autoritaire des maîtres. Ce libre penseur se transforme en inquisiteur. Il rêve d'une philosophie d'État et voudrait l'imposer à tous.

Il faut l'instruction obligatoire : un homme sans instruction est un ouvrier médiocre, un médiocre citoyen, et un médiocre défenseur du pays. Mais la loi n'est pas complète : il faut une philosophie obligatoire. L'instituteur est le représentant de l'État, il a mission de donner la réalité de Français aux enfants nés sur le sol de France. Qu'est-ce en effet que la France? Une collection d'individus? Un territoire? Non pas, mais un ensemble d'idées. La France, c'est l'ensemble des notions que tous les penseurs républicains ont élaborées et qui composent la tradition de notre parti. On est Français autant qu'on les possède dans l'âme... Sans philosophie d'État, pas d'unité nationale réelle. Quand vous en posséderez une, vous aurez tout à gagner de la diffusion d'un enseignement qui deviendra une vraie discipline morale.

Ainsi donc on ne naît pas Français, on le devient si l'on est bien élevé dans les idées de Bouteiller et de son parti. Les idées du parti républicain anticlérical ont la vertu de transformer en Français quiconque en est imprégné, fût-il arrivé d'hier sur le sol de France, eût-il eu toute son ascendance hostile au pays français. La patrie pour cet idéologue ce n'est ni le sol, ni les traditions, ni la sève de la famille et le sang pur des aïeux, c'est l'atmosphère idéale élaborée par les hommes de son parti. Il ne reconnaît pour compatriotes que ceux qui pensent comme lui. Il exclurait volontiers tous les autres des fonctions publiques et, s'il se pouvait, il les bannirait du sol. Est-il étonnant qu'avec de pareils principes il ne s'inquiète pas de savoir quelles peuvent être les traditions, les aptitudes particulières de ses élèves ? Les familles n'ont fait que lui fournir une matière informe qu'il doit, lui, prêtre de l'État, revêtir par le sacrement philosophique des vraies, des seules qualités françaises. Qu'il soit lorrain, lyonnais, provençal, flamand ou limousin, peu importe, l'élève, cette matière, n'est qu'une boue molle, elle est plastique et doit se plier à la formation voulue. Bouteiller fait donc de ses élèves d'abord des citoyens de l'univers par son amour pour les idées pures, par sa façon d'exposer impartialement les systèmes, il les arrache à

leur famille, à leur province et il leur impose
après, au nom de l'impératif catégorique, le devoir de se soumettre aveuglément aux lois de
l'État. Il ne conçoit le citoyen que comme un fonctionnaire et il ne saurait rêver pour aucun de ses
élèves quelque occupation plus glorieuse qu'une
place du gouvernement. On le voit bien dans
cette si curieuse scène où le professeur, appelé à
Paris par le ministre, se présente le matin à ses
élèves, le front chargé des soucis de la pensée et
leur demande de décider eux-mêmes s'il doit se
rendre à l'appel de son chef ou s'il ne vaut pas
mieux qu'il continue de se consacrer à l'œuvre
de leur éducation. Subjugués par l'éloquence de
cet homme supérieur en lequel ils admirent
comme la personnification pure de la conscience
morale, les pauvres enfants votent pour le départ
de leur maître, ils s'immolent bravement au bien
général, et quand Bouteiller leur adressant la
parole tour à tour tire l'horoscope de chacun
d'eux, ce qui revient dans toutes ses prédictions,
c'est le pronostic d'une fonction de l'État.

Ils sont donc, au sortir de ses leçons, ce qu'il
est lui-même « dans le sens le plus élevé du mot »,
des « sans-famille et des sans-patrie », des « déracinés ». Il les a déracinés du sol natal, il ne les

élève que pour Paris et dans Paris même il ne se
les représente que comme des fonctionnaires. Ils
ne tiennent plus à rien. Bouteiller leur a inspiré
le dédain des traditions de leur famille, des occu-
pations calmes et utiles du provincial qui vit sur
ses terres, fait prospérer l'étude ou l'épicerie pa-
ternelles, et cultive son jardin. Qu'est-ce qu'une
petite étude de notaire pour un Racadot? Il ne
peut plus vivre qu'à Paris. Mais l'argent lui manque; condamné à vivre d'expédients il glisse sur
la pente, il finit par l'assassinat et par l'échafaud.
Ce « déraciné » finit en « décapité ».

Telle est l'œuvre de Bouteiller. Il a donné à tous
ses élèves le frisson de la pensée pure, il a déve-
loppé l'orgueil de leur esprit, il leur a présenté le
spectacle de l'élévation morale, toute leur vie le
goût leur restera de ces sommets entrevus et, ne
pouvant s'y hausser, ils garderont le dégoût du
terre à terre, de l'humble besogne honnêtement
faite. Il a négligé d'ailleurs de leur apprendre une
discipline, de les former à une hygiène morale,
ils ignorent l'importance de la chasteté pour une
vie noble et digne. Arrivés à Paris, les plus gros-
siers, comme Mouchefrin et Racadot, tombent aux
amours d'une fille de brasserie; les plus raffinés,
comme François Sturel, sous prétexte de faire des

expériences amoureuses, laissent la volupté leur
affiner peut-être les sens, mais leur émousser et
leur engourdir l'esprit. Il leur manque l'idée d'un
ordre, d'une règle harmonieuse et souple. Leur
vie intérieure est toute cérébrale et ceux qui,
comme Sturel encore, éprouvent le besoin de s'en
faire une vivante, qui tienne tout l'être, sont
réduits à en chercher tout seuls la formule. Ces
déracinés le sont bien, ils ne se rattachent plus à
rien de réel et de stable. Bouteiller les élevait
pour obéir. Ils se persuadent au contraire qu'ils
ne sont faits que pour commander. De là ces
accès de napoléonite aiguë, ce pèlerinage étrange
au tombeau des Invalides qui forme un si curieux
épisode du livre. Bouteiller voulait les élever
pour l'État, ils ne songent qu'à développer leurs
énergies individuelles, qu'à cultiver leur moi, à
en accroître le rayonnement, fallût-il pour cela
assassiner et voler ainsi que le font Mouchefrin
et Racadot.

*
* *

Comment l'enseignement de Bouteiller a-t-il pu
arriver à ces conséquences et manquer ainsi ra-
dicalement son but ? — M. Barrès en expose plus
d'une raison. Aucune, ce me semble, n'est plus

vraie que celle que l'on peut tirer de la philosophie enseignée par Bouteiller. Enivrer de pensée
pure de jeunes cervelles de dix-huit ans, les pénétrer de cette conviction que la conscience est
le seul maître que puisse et que doive suivre un
homme vraiment libre et en même temps leur
prêcher qu'ils doivent se soumettre à tous les
commandements de l'État, à un État représenté
trop souvent par des hommes sans plus de valeur
morale que de culture intellectuelle, c'est vouloir
soutenir une gageure où la perte est infaillible.
Bouteiller qui sent sa force et sait que sous ce
régime il a sa place marquée dans les rangs de
ceux qui commandent ne trouve à son système
aucune difficulté. En obéissant à l'État il ne risque pas d'abdiquer son autonomie morale, car
l'État c'est déjà ou ce sera bientôt lui. En attendant il méprise son proviseur. Mais les élèves,
quand ils auront perdu l'espoir de constituer eux-
mêmes l'État et d'imposer leurs lois, comment
conserveront-ils leur autonomie? Il faut qu'ils se
révoltent ou qu'ils obéissent en esclaves. Ils se
révolteront donc et s'efforceront par tous les
moyens d'arriver au développement de leur moi,
c'est là seule façon de conquérir leur liberté. Anarchistes ou despotes, ils ne peuvent être rien

d'autre. Le jacobin naît du révolutionnaire. En vertu des mêmes principes l'insurgé hors du pouvoir devient au pouvoir un jacobin. Il n'en peut être autrement avec la philosophie sociale d'un Kant ou d'un Rousseau. C'est celle que professe Bouteiller. Aucune idée d'ordre, d'agencement, de hiérarchie n'y entre, elle ignore les nuances, les progrès, les abaissements et les perfectionnements de la vie. Elle est construite dans l'abstrait et dans l'irréel. Aussi ne peut-elle coordonner aucune pratique réelle. Elle ne connaît de vertu que là où il y a désintéressement absolu, et le désintéressement absolu n'étant pas possible elle laisse l'âme désemparée en face des nécessités de la vie. Là recherche de l'autonomie morale se transforme en désir de domination. L'ambition se colore de motifs moraux et c'est ainsi que la conscience se laisse prendre aux pires sophismes. Si Bouteiller accepte l'argent que lui donne le baron de Reinach pour soutenir l'entreprise de Panama et rédiger les rapports que lisent à la tribune d'autres députés, ce n'est pas que Bouteiller soit un homme vénal, ni un rapace concussionnaire, mais c'est que Bouteiller ne peut conquérir son autonomie morale que s'il est député, président de la Chambre, ministre ou en passe de le devenir;

mais pour être élu il faut un journal et pour entretenir un journal il faut de l'argent, l'argent de Panama est donc l'instrument indispensable de là libération de là conscience de Bouteiller. C'est grâce à cet argent qu'il accomplira sa destinée, qu'il remplira l'idée de sa vie. Il professe ce que des ministres de l'opportunisme ont appelé aux applaudissements de tous « la souveraineté du but ». Concussionnaire, lui ! allons donc ! disons plutôt : la victime qui sacrifie les préjugés, qui court les chances de la chute et du déshonneur pour obéir à sa conscience.

Notez qu'il se l'est faite à lui-même, cette conscience, qu'il ne courbe sa raison devant aucun dogme traditionnel. Il n'a, d'ailleurs, à cette heure encore, aucun désir bas. Il ne rêve ni les fêtes, ni les plaisirs, il ne voit dans le pouvoir que le moyen de faire entrer son pays dans le monde idéal qu'il a conçu. Ce n'est pas un ambitieux vulgaire. Dangereux, soit, mais plein de noblesse.

Pourtant cet argent qu'il reçoit dans la coulisse, il ne l'avouerait pas en public, non pas même devant ceux qui ont été élevés comme lui, qui professent la même philosophie. Malgré tout, chez ce Kantien la conscience traditionnelle rappelle le vieux précepte : « Tu ne voleras point. » De là un trouble et un désarroi qui se traduit par des angoisses subites, par des pâleurs, par des soubresauts du sang, des excitations étranges auxquelles succèdent de longs mutismes. On a vu Paul Bouteiller au Palais-Bourbon faire des bonds de chevreau dans la salle des Pas-Perdus et à un dîner d'amis manger sans mot dire, une heure, le regard perdu.

Ce désaccord intime de l'âme que Bouteiller n'a pu vaincre en lui-même, ses élèves, sans pouvoir s'en rendre clairement compte, le sentent. Quelque chose dans ses discours, ils ne savent quoi, leur paraît étrange et sonne faux. Quand il les flatte et les appelle « les associés de sa pensée », quand de sa belle voix grave il leur expose ce qu'il nomme devant eux « les angoisses de sa conscience », quand il remet son sort à leurs mains, ils sont séduits, exaltés, et quelque chose cependant en eux reste inquiet. Non pas qu'il joue purement devant eux la comédie et ne soit qu'un vulgaire charlatan. Il est peut-être, ainsi que je l'ai expliqué, sa première dupe : mais leur instinct moral les avertit qu'eux, petits élèves, ne peuvent être vraiment les « associés de la pensée » du grand homme que pour eux est Bouteiller, et que ce vote qu'il réclame d'eux n'aura pas véritablement la vertu de déterminer sa voie. Sans que le professeur soit ni menteur ni comédien, il y a du mensonge, de la mise en scène et ils le devinent. Plus tard, quand le maître qui leur paraissait si dévoué les abandonne, ou même, pour un simple dissentiment, pour leur audace à vouloir juger les hommes du parti de Bouteiller, les excommunie et prononce sur eux le « *Nescio vos* », ils se rendent mieux compte que ce qui aux yeux de Bouteiller n'est que la recherche de sa propre autonomie doit être simplement regardé comme ambition par les autres hommes. Bouteiller a su s'y prendre pour arriver : c'est sur leurs jeunes enthousiasmes qu'il a bâti sa réputation, c'est l'austérité affichée de sa vertu qui lui vaut et les honneurs et le pouvoir. Si on l'achète cher, c'est qu'il a su se faire priser très haut.

Ils en viennent donc à ne plus croire en Paul Bouteiller. Ils voient la vanité du kantisme et la faillite de la morale du devoir pur. « Agis toujours de telle sorte... » Oh ! que cela est loin et comme ils voient bien que si l'on veut que la maxime de nos actions puisse revêtir une valeur universelle, il faut pouvoir imposer aux autres cette maxime, faire de sa propre vie la règle de vie pour toute l'humanité, être Napoléon ou être Dieu. Ils se rueront donc de toutes leurs forces à la conquête du pouvoir. Et cependant leur bon sens natif, la conscience organique qui leur reste protesteront contre l'injustice, contre l'oppression systématique, la spoliation, les curées. Le marché aux consciences, la foire aux bulletins dans les couloirs du Palais-Bourbon les révolteront sourdement comme ils révoltent tout ce qu'il y a encore en France d'âmes justes et de cœurs droits.

*
* *

Tout ce que nous venons de dire prouve bien que de ce désarroi des consciences de ses élèves Bouteiller est seul responsable. Cependant M. Barrès en plus d'un endroit donne à penser que Bouteiller est pour lui plus qu'un type particulier de philosophe, qu'il représente non seulement le professeur de philosophie, mais tout le système d'éducation universitaire (1). C'est bien cette éduca-

(1) Cette idée n'est pas exclusivement propre à M. Barrès. Le *Journal des Débats* du 23 décembre 1897 a publié la lettre suivante que nous reproduisons ici à titre de document :

Colombes, le 20 décembre 1897.

Monsieur le rédacteur en chef,

J'ai lu avec intérêt, hier soir, l'étude de M. Albert Petit sur « la Crise de l'enseignement secondaire » dans notre pays. C'est une question qui me paraît passionnante, car elle touche, — et tous ceux qui en parlent le sentent bien

tion que M. Barrès rend responsable de la formation de ces lycéens qui n'ont fait au lycée que

confusément s'ils ne le disent clairement, — à l'avenir
même de la société française. Malheureusement personne,
ne s'avise de rechercher, où elles sont réellement, les
causes du trouble profond dont souffre à l'heure actuelle
l'Université. On discute à perte de vue sur des statistiques,
sur l'enseignement classique et l'enseignement moderne ;
on réforme sans cesse les programmes et l'on croit avoir
fait grand'chose quand on a ôté d'un plan d'études un peu
de chimie pour mettre un peu de physique à sa place,
quand on a supprimé telle matière d'une classe pour la
rétablir dans celle qui suit ou qui précède. Ce ne sont que
vétilles et le mal de l'Université est autre.

Que les bons esprits préoccupés de ce problème si important veuillent bien se donner la peine de considérer la
vie moderne, les besoins et les goûts de la société présente ;
qu'ils se renseignent en lisant tels livres nouveaux où se
peint très fidèlement l'âme des jeunes gens de notre époque, pour n'en citer que quelques-uns : *les Déracinés*, de
Barrès ; *l'Age incertain*, de P. Gauthiez ; *la Confession d'un
enfant du siège*, de M. Corday ; qu'ils interrogent aussi les
adolescents et les hommes sortis depuis peu du giron de
l' « Alma Mater ».

Le résultat d'une telle enquête sera, à n'en pas douter,
que l'Université n'a pas su se maintenir en contact avec
les idées, les désirs et les sentiments actuels. Des modifi-
cations aux programmes ne servent de rien. Ce qu'il faut
changer, c'est l'organisation intérieure des lycées et collèges, c'est l'âme même de notre monde universitaire. Au
cours d'une lettre hâtive, je ne puis entrer dans le détail
des idées que j'ai là-dessus, idées, je me hâte de le dire,
qui sont partagées par un très grand nombre de personnes

développer leur amour-propre, en sorte qu'ils
« se préparent une capacité d'êtres humiliés et

dont la plupart ont eu à souffrir de l'éducation universitaire. Éducation universitaire ! Ces termes jurent sous ma
plume. C'est précisément par l'absence de toute idée sur
l'éducation que se ruine rapidement l'organisme universitaire actuel. En un mot, le vice radical de l'Université est
celui-ci : le *lycée* créé par Napoléon est resté napoléonien ;
son organisation intérieure est rébarbative et ne convient
plus du tout au jeune homme de nos jours. Il s'y ennuie,
il y souffre même et, dans ces conditions, sa vie morale
dévie, ses qualités restent à l'état de lettre morte. D'autre
part, l'Université ne prépare pas du tout ses nourrissons à
la vie sociale et à la lutte pour la vie. Elle se borne à leur
donner une instruction littéraire assez poussée et surtout
oratoire. Il y a dans le dernier livre de Barrès un mot ter-
riblement vrai : « Tous les jeunes Français dans les lycées
sont dressés pour faire des hommes de lettres parisiens. »
Eh bien ! il faut autre chose en France que des hommes
de lettres parisiens. Voilà pourquoi les élèves quittent
l'Université pour aller demander aux établissements libres
une préparation efficace à la vie.
Excusez, Monsieur, ces quelques mots sur une question
qui comporterait une étude longue et approfondie. Ils ont
le seul mérite d'être écrits par un jeune homme qui a vécu
dix ans pensionnaire dans un lycée, qui connaît nettement
ce qu'est l' « éducation universitaire » et qui comprend
l'importance énorme de cette crise de l'éducation française.
J'ai eu, en outre, l'occasion d'étudier longuement l'éducation anglaise et la comparaison entre les deux a singulièrement éclairé mes idées.
Veuillez agréer, etc.

Un de vos lecteurs assidus.

« envieux qu'on ne rencontre en aucun pays, en
« même temps qu'ils deviennent capables de tout
« supporter pour une distinction ». Ce n'est pas
de l'Université seule qu'on peut dire justement
ces choses. Le système d'émulation est le même
partout et partout peut aboutir aux mêmes effets.
Ce qui serait plus spécial à l'Université ce serait
si tous les professeurs agissaient avec leurs élèves
à la manière de Paul Bouteiller, professaient la
même morale.

Mais c'est justement ce qui n'est pas. Les professeurs de l'Université n'ont pas tous les mêmes
idées que Bouteiller. Tous n'enivrent pas leurs
élèves d'idées pures pour les jeter après aux
genoux du dieu État. Leur système moral est à
la fois plus traditionnel et moins arrêté. Ceux
des professeurs qui veulent moraliser sont loin
d'approuver tous les crimes commis au nom de
la loi. Du moment qu'ils blâment l'injustice des
lois du Sénat romain ou des monarques français,
ils apprennent implicitement à leurs élèves que
les lois de l'État ne sont pas toujours et nécessairement justes. Et je crois qu'ils sont bien
rares ceux qui professent la doctrine jacobine que
les lois ne sont pas jugées par la conscience selon
leur conformité avec la Loi supérieure. Il y a là-

dessus au contraire un texte de Cicéron que d'ordinaire on admire fort.

Quant à donner à leurs élèves la fâcheuse impression d'un charlatanisme moral, si telle a pu être la mode chez une ou deux générations de normaliens qui n'avaient que masque d'austérité, morgue dans le port de tête et pédantisme jusque dans le son de voix, c'est une mode qui a bien passé. La moyenne des professeurs est composée de fort braves gens qui ne songent pas à citer Kant à leurs élèves, et leur prêchent cependant la bonne vieille morale par leurs discours et surtout par leurs exemples, par l'accomplissement régulier de leur tâche professionnelle, par la dignité de leur vie. Je ne pense pas que l'Université par elle-même déracine vraiment personne et si le déracinage n'en a pas moins lieu, c'est à des causes sociales plus générales qu'il est dû, à la centralisation excessive, à l'attraction que Paris exerce, toutes choses dont l'Université n'est point responsable, qu'elle ne songe guère, il est vrai, à détruire, mais dont elle est la première peut-être à subir et à souffrir les effets.

*
* *

Il n'en est pas moins vrai que le mal dont se

plaint M. Barrès existe et que les jeunes gens français sont pour la plupart des « déracinés » sans attaches vivantes au sol où ils auraient dû demeurer et vivre, où ils auraient pu porter quelques fruits. Mais s'ils sont déracinés de leur province ce n'est là qu'un premier effet d'une cause plus profonde : par leur éducation même tous les bacheliers de France sont déracinés, transplantés dans le pays aérien et inconsistant des mots, hors du sol ferme de la réalité et de la vie (1). S'ils ne voient pas combien leur existence serait plus agréable à la fois et plus fructueuse dans leur province natale, c'est qu'ils ont perdu le sens des attaches qui lient tout leur être au sol natal et s'ils ont perdu ce sens c'est qu'ils ont perdu le sens du réel. Ils se sont habitués à vivre de la parole et par la parole ; la vie pour eux n'est pas une réalité, c'est un songe, un bavardage perpétuel. Le cliquetis des mots les a assourdis au point qu'ils n'entendent plus les voix silencieuses de leurs âmes.

(1) Et ce défaut de l'enseignement secondaire en général se retrouve aussi dans l'enseignement supérieur. « Ayons le courage de le dire aux promoteurs des universités nouvelles, dit M. Henri Bérenger dans un très solide et navrant article sur les *Prolétaires intellectuels* (*Revue des Revues*, 15 janvier 1898) : vos universités préparent peut-être à la Science, mais elles ne préparent pas à la Vie. »

Ici ce n'est plus l'Université qui est seule en cause, c'est le système entier de l'éducation classique partout où elle est donnée, par les prêtres aussi bien que par les laïques, et non pas seulement de l'éducation littéraire ancienne basée sur l'étude des auteurs grecs et latins, mais aussi bien de l'éducation que l'on appelle « moderne » basée sur la seule étude du français ou des sciences. Grec, latin, français, anglais, allemand, histoire, physique, chimie, mathématiques, histoire naturelle, tout n'est que leçons de mots au lieu d'être leçons de choses, tout partout est réduit en formules mortes d'où non seulement la vie est absente et la perception du concret, mais l'idée abstraite elle-même. Les classes à peu près partout ne sont que du verbiage (1). Voilà le mal dont nous souffrons, le mal qui s'attaque à tout et dont il faut que nous travaillions à nous délivrer. Toute l'âme s'évapore en paroles creuses et nos pauvres enfants, quand ils croient avoir assemblé des idées, n'ont fait que coudre les uns aux autres des mots.

(1) Et nul ne sait mieux que celui qui écrit ces lignes combien ce qu'il dit ici et ce qui va suivre comporte d'exceptions et de restrictions. Mais le fond reste vrai pour l'immense généralité des cas et donc pour l'ensemble de l'éducation nationale.

C'est une très vieille parole que la lettre tue et
que l'esprit seul est capable de vivifier. Jamais il
ne fut plus nécessaire de la rappeler. Depuis le
XVIIe siècle chez nous on peut suivre à la trace
l'évanouissement de la pensée, la transformation
de l'éloquence en rhétorique, de l'art d'écrire en
littérature, le mot usurpant la place de l'idée. Dès
le XVIIIe siècle les idées se détachent peu à peu de
leurs origines concrètes, elles deviennent des
abstractions. Taine a excellemment montré comment l'esprit classique a vidé peu à peu les idées
de toute image concrète, de tout noyau substantiel.
La Révolution française a été faite avec ces nobles
idées abstraites, très générales, très communes,
qui se retrouvent au fond de tous les classiques.
Cependant même à la fin du XVIIIe siècle, même
sous la Révolution, je crois que les mots conser-
vaient encore un sens pour l'esprit. Si je regarde
les jeunes gens qui m'entourent, si je lis les premières copies du concours général, quelques
livres de nos jeunes hommes, je crois découvrir
que pour eux les mots n'ont plus aucun sens. Ils
ne se représentent par-delà le mot que les autres
mots que les habitudes du langage, de la lecture
ou de la récitation ont associés au premier. Les
ordinaires liaisons des mots ayant pour origine

chez les premiers écrivains des liaisons réelles ou logiques, un esprit réfléchi ne se trouve pas trop choqué par ce qu'il entend ou par ce qu'il lit ; ces phrases qui ont été prononcées sans avoir été pensées, paraissent représenter quelque pensée, on peut découvrir une âme à ces corps qui sont nés sans âme, il n'en reste pas moins que l'armée immense des bacheliers parle, écrit et ne pense pas. La lettre a bien tué l'esprit.

Et comment en aurait-il pu être autrement quand toute l'éducation n'a pour but que de préparer à répondre correctement à quelque examen? La mémoire est la faculté sans laquelle on ne peut réussir à aucun examen, avec laquelle seule on peut réussir à tous. Elle fournit au dehors toutes les apparences de la pensée, de la vie intellectuelle, elle peut fournir les apparences de la vie morale. Un élève du Conservatoire bien seriné peut nous faire frissonner aux imprécations de Camille ou nous émouvoir au monologue d'Auguste. La mémoire sera donc la faculté que sans y penser, à contre gré même, on développera dans les classes. C'est par le plus gigantesque et plus absurde effort de mémoire que l'on arrive à Polytechnique. Les sciences, loin de s'opposer au développement mécanique de la mémoire, sont au contraire peut-être les études qui s'en accommodent le mieux. Dans tout le cours des classes les programmes scientifiques sont si chargés que le professeur, à moins d'être très décidé à faire appel à l'expérience, au raisonnement, est obligé de faire apprendre le cours par cœur. Il en est de même partout ailleurs. Les associations de mots remplacent les associations d'idées. Les élèves ne disent pas trop de sottises parce qu'ils se gardent bien de sortir des associations convenues. Si quelques-uns essaient d'en sortir ils assemblent des mots au hasard dans des cadres rythmiques que la mémoire berceuse de l'oreille a conservés. Avec la meilleure volonté on n'y peut plus découvrir un sens. Vous avez là sans qu'il y paraisse l'explication des vers sans signification des décadents. Et plus d'une théorie philosophique abstruse n'a guère davantage de valeur pour le réel.

Pourtant rien n'est facile comme de laisser aux mots tout leur sens en apprenant la littérature. Le moyen est vraiment très simple. Puisque tous ces grands écrivains ont dans leurs écrits exprimé leur vie, il faut derrière leurs mots retrouver et faire retrouver aux élèves cette même vie. Montaigne disait que Platon et Aristote n'avaient pas enseigné avec des grandes robes de pédants. Il voulait dire qu'ils avaient vécu leurs doctrines que les perroquets à bonnets pointus commentaient alors en formules creuses. Un vers n'est que de la vie momifiée et solidifiée. Il attend un lecteur pour ressusciter. C'est au professeur de savoir le faire sortir du tombeau. Peu importe que la traduction soit élégante et fidèle ou qu'elle suive le mot à mot, l'essentiel est qu'elle vive. Les anciens, les modernes, les grecs, les latins, les français, tous les autres ont vécu, ont aimé, ont prié, ont souri, ont pleuré, il faut que nous éprouvions de nouveau leurs amours, leurs prières, leurs rires et leurs sanglots. La grammaire, la philosophie ne sont que des moyens pour remonter jusqu'à la source de vie. Au contraire dans les classes on ne fait que de la grammaire, de la philosophie, de la rhétorique, on transforme le moyen en but. Les professeurs sont savants, très savants, ils savent l'histoire de tous les mots, de toutes les désinences, de toutes les racines, de toutes les lettres, ils auraient besoin d'en savoir bien moins. Ils oublient de vivre, ce qui à la rigueur n'est que leur affaire, mais surtout ils oublient de faire vivre et ceci est beaucoup plus grave. Ainsi ils nous font des âmes mortes, réduites à l'état des ombres antiques qui vivent de mots, ces ombres des idées, lesquelles à leur tour ne sont que les ombres des vraies choses.

On a essayé de réagir contre la trop grande importance de la mémoire : pour cela on a voulu rationaliser la grammaire, on a supprimé le discours français, on a préconisé les langues vivantes, l'étude des sciences, on est toujours retombé dans l'ornière. Ce n'était pas les programmes qu'il fallait changer, mais l'esprit d'un enseignement vieilli. Les enfants ne peuvent penser que lorsqu'ils ont à leur service un assez grand nombre de mots, il faut donc dans les classes de début qu'ils apprennent des mots, des « morceaux choisis » par cœur. Il dépend du maître de faire que ces mots soient plus que des mots et que l'élève apprenne la vie en même temps que la langue. Les vrais maîtres, qui sont rares, n'y manquent point. Les théories grammaticales que le professeur enchaîne par la raison, l'élève les assemble par la mémoire. Il croit avoir formé des philologues de dix ans, il n'a fait que des perroquets. La dissertation littéraire, plus difficile que le discours, est moins spontanée, partant plus empruntée aux livres, moins sentie et moins vécue. Le progrès ici a été tout à rebours. « Vaincre ou mourir » est un lieu commun banal pour un littérateur saturé de *Conciones*, c'est un beau moment de vie, un sentiment d'expérience enthousiaste pour un jeune homme de dix-sept ans. Les pédants ont prêté aux adolescents leur âme tannée. Nulle part on n'observe et on n'exerce les jeunes gens à l'observation. De là vient que chez nous toute notre éducation est si étrangère à toutes les choses réelles. Paul Bourget fut très frappé dans son voyage en Amérique de ce que partout on cherchait à réaliser « l'identité de l'école avec la vie ». Chez nous, ainsi que Taine l'a si bien vu et si bien montré, la direction est tout opposée. Et le mal n'est pas particulier à la France. Il sévit à n'en pas douter dans toute la vieille Europe, les professeurs chrétiens n'en sont pas plus exempts que les professeurs libres penseurs.

Nous prétendons aimer les classiques, nous ne les comprenons pas. Quand on les comprend ils suivent partout. Aux yeux de François Sturel qui se souvient des *Amica silentia lunæ* du poète, « les lueurs et les silences de la nuit sont des « regards et des choses amicales ». Il sent revivre en lui sous le rayonnement tranquille quelque chose de l'âme virgilienne. Mais il faut avoir vécu autrefois ce rayonnement, avoir communié avec cette âme sous les espèces de ses beaux vers.

Les mots n'éveillent plus les ondes profondes du sentiment et de la volonté, ils ne prennent plus aux entrailles parce qu'ils sont vidés et qu'on n'y sent que de l'air secoué. De là la facilité des théories de toute nature, la vanité de la parole publique partout ailleurs que dans les milieux populaires qui ne sont pas encore blasés, de là aussi le danger des prédications révolutionnaires. Les prédicateurs chrétiens se plaignent par contre que leur parole glisse et ne pénètre point. Un prêtre écrivain disert s'étonnait l'autre jour dans une estimable revue de province que la *Sonate à Kreutzer* de Tolstoï eût passionné le public tandis que les prêtres chrétiens qui prêchent la même morale n'éveillent aucune attention. Et il prouve très bien lui-même pourquoi il en est ainsi. Car voici comment il traduit la pensée de Tolstoï en langage ordinaire de prédicateur :

L'Église dit aux fiancés qui viennent au pied des autels demander la bénédiction nuptiale : « Mon frère, ma sœur, c'est au prix de vos peines, de vos larmes, que votre union se cimentera plus solidement à travers les misères de la vie. Et de même que Jésus-Christ veut son Église belle, sainte, immaculée, vous devez travailler, dans une commune ambition, à vous rendre tous deux de plus en plus fervents, saints et agréables au Seigneur.

« Que la vertu soit donc à jamais l'hôte de votre foyer. Si la faiblesse humaine vous en faisait un jour oublier la sainteté, recourez aux sacrements, source de toute grâce... Qui dira le bonheur du jeune chrétien qui sut se garder pur pour celle que Dieu lui destinait pour compagne, le bonheur de la jeune chrétienne qui mit son ambition à pouvoir s'offrir, à celui qui serait son époux, dans la parure intégrale de sa virginité ?... Mais ce trésor de pureté, vous le portez dans un vase fragile ; l'ennemi de tout bien tentera de détruire en vous les grâces du sacrement. »

Voilà bien en effet le ronron ordinaire des phrases de prédicateur, le « trésor de justice », le « vase d'argile », les sacrements « source de toute grâce », « celle que Dieu lui destinait pour compagne », c'est-à-dire des mots si usés à force d'avoir servi que leur empreinte originelle se laisse à peine entrevoir. Ce qui a fait le succès de Tolstoï c'est qu'il a vécu sa pensée avant de l'exprimer, tandis que beaucoup trop d'autres plus orthodoxes, mais d'âme moins éveillée, moins saisie par l'étreinte de la vie n'ont guère été par-delà les mots, par-delà les phrases. Oh ! qui nous donnera l'homme inculte, l'apôtre sans lettres qui, ayant vécu l'Évangile, nous jettera sa vie dans une langue incorrecte, abrupte, mais toute parfu-

mée des divins aromes comme les genévriers au
flanc des coteaux pierreux !...

« Déracinée », oui, notre jeunesse intellectuelle l'est, mais si elle l'est ce n'est pas seulement parce qu'on la pousse hors des frontières
de sa province natale, c'est surtout parce que
toute l'éducation qu'on lui donne l'incite à s'exi-
ler hors d'elle-même, à se dissiper en paroles, à
se nourrir de vent, en un mot la déracine de la
vie, lui apprend à parler et lui désapprend de vivre. C'est à tel point que l'on se demande si vraiment il ne serait pas souhaitable que quelque
secousse profonde ne suspende pour un temps
cette routinière tradition verbale, que les gram-
mairiens et les rhéteurs ne fussent pour quelque
temps réduits au silence de telle façon que les
âmes jeunes laissées à elles-mêmes au dur contact
de la vie pussent, fût-ce à leurs dépens, réap-
prendre à vivre. Revenons à la vie, ne la dessé-
chons pas, ne la réduisons pas aux échantillons
momifiés des mots, vivons et surtout n'atrophions
pas la vie de la jeunesse qui monte. Ou, s'il fallait, pour revivre, l'appel des trompettes, le choc
des barbares, et ces trompettes et ces barbares
devraient être accueillis avec des cris de salut.

16 Novembre 1897.

VII

L'ÉDUCATION POUR LA VIE

Les organisateurs du récent Congrès de la démocratie chrétienne ont bien voulu demander au directeur de *la Quinzaine* de présenter un rapport sur la formation intellectuelle de la jeunesse contemporaine. Nous donnons ici, sous leur forme toute simple et spontanée, les notes dont les principales idées ont été développées à Lyon.

Partons de ce principe trop peu médité que l'éducation a pour but d'apprendre à vivre, non pas à parler, ni seulement à penser, ni à dessiner, ni à calculer, ni même à prier, mais à vivre, c'est-à-dire à la fois à penser, à parler, à dessiner, à calculer, à prier dans la proportion même où toutes ces choses sont nécessaires à la vie et en constituent les éléments. Une éducation qui se donne pour but de faire un homme éloquent, un mathématicien savant, un physicien perspicace, est une éducation utile, ce n'est pas une éducation complète. Car la vie de l'homme ne se passe pas et ne saurait se passer tout entière en discours, en calculs ou en recherches savantes.

Une éducation encore qui se donnerait uniquement pour but de faire un Français ou un patriote, ne serait pas une éducation complète. Car le Français ou le patriote aura bien souvent dans la vie à faire pour vivre des choses qui n'auront point de rapport ou que des rapports très lointains avec le patriotisme. Viser même sans plus à faire un chrétien, un homme religieux de cœur et de pensée ne serait pas suffisant. Car il y a bien des fonctions de la vie qui ne paraissent pas de prime abord entrer dans l'idée de la religion. Il est vrai que cette apparence est fausse et que le vrai chrétien se confond avec le véritable vivant, car toutes les fonctions de la vie entrent dans le christianisme quand il est assez profondément entendu. Mais l'entend-on toujours ainsi et combien n'existe-t-il pas d'excellents chrétiens, de bons jeunes gens très pieux et qui ne savent pas vivre? Notre pensée ici consiste précisément non pas à regarder le christianisme comme négligeable pour l'apprentissage de la vie, mais à reconnaître que la plénitude de la vie ne peut se réaliser que dans et par le christianisme. Donc, au fond, en demandant que l'éducation fasse de l'enfant un candidat à la vie complète, individuelle, sociale, religieuse, nous lui demandons simplement d'en faire un chrétien, non pas un simple dévot qui ne sait que suivre les offices et réciter les prières, mais un vrai chrétien qui, à ce titre, ne s'enferme pas en des chapelles de confréries, mais qui, après avoir adoré, muni par la prière du secours divin, va faire rayonner sa vie dans tous les domaines où il lui est légitime de la répandre et de la montrer.

Le problème de l'éducation consiste donc à se demander : Quelles sont les conditions de la vie ? Comment faire pour réaliser ces conditions et les fournir aux jeunes hommes et aux enfants ?

Vouloir, savoir et pouvoir, ces trois conditions de toute action sont aussi les trois conditions de la vie qui n'est, à la bien prendre, que la somme totale de nos actions. L'éducation doit donc fournir les impulsions du vouloir, procurer les matériaux du savoir et assurer le pouvoir. Vouloir-vivre, savoir-vivre, pouvoir-vivre, tel doit être le résultat de toute l'éducation.

I

Il semble que le vouloir-vivre soit naturel à l'homme et que la nature se charge du soin de nous exciter à la vie. Sans doute, mais encore faut-il que l'éducation vienne d'abord sur ce point comme sur tous les autres rectifier, s'il y a lieu, les instincts de la nature que nous, chrétiens, savons viciée et originellement pécheresse, et ensuite qu'elle sache, sous prétexte de les rectifier, ne pas les atrophier ni les pervertir.

Nous voulons naturellement vivre et nous sommes heureux de la vie. Il ne faut pas que nous tombions dans cette superbe de la vie, dans cet orgueil de vivre si justement condamné. « Qu'avons-nous que nous ne l'ayons reçu? » Et donc justement nous devons rendre grâces du don gratuit de la vie, mettre à la base de notre vouloir-vivre un acte d'humilité. Mais il ne faut pas que cette humilité radicale en face de Dieu nous fasse mépriser la vie et nous abaisse en posture servile vis-à-vis des hommes. Rien ne serait moins raisonnable, rien n'est moins chrétien. Mépriserons-nous donc les dons de Dieu? La vie,

don de Dieu, vaut qu'on la vive et qu'on la respecte et qu'on la fasse respecter. Donc pas de
fausse et dangereuse humilité. Après avoir adoré
le Père céleste, relevons-nous et redressons-nous
dans une légitime fierté. Inspirons à nos enfants
la fierté d'être hommes, d'être fils de Dieu (1).
Ainsi naît le sentiment de la dignité. Et on n'a
pas à craindre alors la lâcheté devant les hommes,
devant le travail ou le malheur. Le sentiment de
la dignité personnelle doit être à la base de l'éducation.

Le second sentiment qu'il faut développer dans
l'enfant, c'est celui qui le pousse à agrandir et à
augmenter sa vie, le désir de s'élever, pour l'appeler d'un seul nom, l'ambition. Il faut exciter le
souci du plus et du mieux. C'est pour cela que
tous les systèmes d'éducation font appel à l'émulation. Mais il faut que l'ambition, pour demeurer
bonne et louable, passe, si je puis dire, de la caté-
gorie de la quantité à celle de la qualité. L'écolier
ne doit pas tant chercher à primer ses camarades,
à les laisser derrière lui, à monter sur l'échelle
des compositions et des notes qu'à s'améliorer

____

(1) *Agnosce, o christiane, dignitatem tuam : et divinæ consors
factus naturæ... memento cujus capitis et cujus corporis sis
membrum.* S. LEONIS, Papæ, *Sermo in Nativitatem.*

lui-même, à augmenter la somme de ses connaissances, de ses énergies intérieures, de sa vertu.

Un troisième sentiment fondamental consiste dans l'amour de l'ordre, de la raison et par conséquent de la justice. Ce sentiment tempérera ce que l'ambition pourrait avoir de dangereux. Il formera la base de l'obéissance qu'il conciliera avec le sentiment de la dignité. Obéir sans savoir et sans comprendre n'est humain que parce que l'on a confiance au maître. Le maître doit exiger parfois une telle obéissance, et cela peut avoir du bon, mais pour l'ordinaire le maître doit s'attacher à faire comprendre les raisons des prescriptions qu'il établit, des règlements qu'il édicte.

Il y a un autre sentiment qui dérive à la fois de la dignité et de l'amour-propre, le sentiment de l'honneur. Bien épuré, bien réglé selon les lois de la raison et les principes du christianisme, il peut devenir un auxiliaire très précieux de l'éducation.

Tous les autres bons sentiments qui font que l'homme s'intéresse à la vie, agrandit le champ de ses affections, sont précieux : l'amour des parents, l'amour des maîtres, l'amour de la patrie, l'amour de Dieu. La piété sous sa triple forme, familiale, patriotique, religieuse, est le grand ressort de l'éducation.

Il semble que l'on sache bien, là où on le veut, former les enfants à la piété, aux sentiments chrétiens. Peut-être s'inquiète-t-on moins de la formation des sentiments naturels. Il faudrait à la fois rendre l'obéissance moins routinière et plus raisonnable, éveiller davantage le sentiment de la dignité et de l'honneur, exciter l'ambition dans la mesure que nous avons dite, apprécier les jeunes gens de telle façon qu'on regarde toujours comme les meilleurs les pieux sans doute et les purs, mais non pas ceux qui ont peur et des hommes et de la vie. Qu'ils se craignent eux-mêmes, c'est excellent, mais qu'ils ne craignent pas les autres. Et cultivons, je le veux, la modestie, mais ne cultivons pas, comme une fleur de serre, la timidité.

Si maintenant on me demandait par quels moyens on peut arriver à éveiller ou à développer ces sentiments de dignité, de justice, d'honneur, de patriotisme, je répondrais qu'on y arrivera par la même voie qu'on prend pour éveiller et développer tous les autres sentiments que l'on a réussi jusqu'alors à cultiver. Que seulement les maîtres dans les écoles primaires, que seulement les confrères dans les patronages, que seulement les professeurs dans les collèges croient à la valeur de ces sentiments, qu'ils en composent leur idéal de jeune homme et de chrétien, et cet idéal, comme par une influence secrète, inspirera leurs paroles, leurs éloges, leur réprimandes, leur suggérera des lectures et des jugements historiques et ainsi peu à peu l'idée vivante en l'âme du maître, par sa force propre, presque sans recherche et sans système, informera l'âme des élèves. Vous voulez que les enfants vivent, vivez d'abord vousmême et ensuite vivez devant eux.

Cette formation des sentiments inspirateurs de la vie qui constituent tout le ressort du vouloir doit durer tout le temps de l'éducation, mais c'est surtout durant les années qui précèdent l'adolescence qu'elle doit être l'objet des préoccupations du maître. On ne saurait accorder trop d'importance à la constitution de cet axe sentimental de la vie. C'est de lui que naîtront plus tard toutes les inspirations généreuses, toutes les héroïques ou enthousiastes déterminations; s'il était défectueux, c'est de ses défauts que viendraient les bassesses, les ignominies, les lâchetés. Joseph de Maistre a dit avec grande raison : « L'homme est déjà formé « à douze ans sur les genoux de sa mère. » L'éducation sentimentale dont on s'est moqué est la base de toute l'éducation. Pour qu'elle ne mérite aucun reproche, il suffit que sentimentale chez l'élève, elle soit chez le maître rationnelle et raisonnable. La vie sentimentale de l'esprit est la matière même de la vie morale et pourrait au besoin la suppléer dans ses bienfaits extérieurs, dans ses résultats sociaux.

II

Mais il ne suffit pas de vouloir, il faut encore savoir vivre. Il faut donc que l'éducation fasse connaître la vie.

C'est ici que nous rencontrons l'instruction proprement dite et que nous pouvons nous rendre un compte exact de son rôle. Il ne faudrait pas penser que l'instruction n'a d'autre but que d'acquérir un certain nombre d'idées ou de connaissances qui font plaisir à l'esprit, qu'il est agréable de se rappeler, de communiquer aux autres par l'écriture ou par la parole. L'instruction ainsi entendue ne sert guère qu'à la conversation ; on a pu la comprendre de la sorte quand on la donnait à des grands seigneurs dont l'idéal se trouvait dans la vie de société, dont la vie se passait à causer dans les cours ou dans les salons, c'est l'instruction qui peut convenir à de riches oisifs, ce n'est plus celle qui convient aux travailleurs dans une démocratie. Car, Dieu merci! il n'y a plus et il ne peut plus y avoir d'oisifs. On peut regretter une certaine élégance et ce vernis de politesse qui brillait dans l'ancienne société, mais tout cela était compensé par tant de vilains dessous que je ne saurais le regretter et que j'aime mieux nos sociétés plus rudes, moins élégantes, plus utilitaires. Une paysanne de Millet me paraît plus belle qu'une dame en falbalas de Watteau ou de Boucher.

L'instruction doit d'abord avoir un but immédiatement utile. C'est le rôle de l'école primaire que de la donner; si on la pousse plus loin, elle doit après viser surtout à développer avec harmonie les diverses facultés de l'âme par des connaissances bien choisies, par des exercices appropriés, c'est le rôle de l'enseignement secondaire; arrivée enfin au dernier degré, elle doit dans l'enseignement supérieur, soit fournir au jeune homme les connaissances nécessaires à l'exercice d'une profession dite libérale, soit lui donner une formation spécialement scientifique. Le but et le rôle des trois ordres d'enseignement est ainsi fort bien marqué et de ce but et de ce rôle dérivent les règles qui doivent présider à la rédaction des programmes et à toute la direction de l'enseignement.

Je n'ai pas l'intention d'y insister. Aussi bien je ne trouve pas, en général, les programmes si mal faits, trop chargés sans doute, mais c'est l'affaire du maître de savoir, quand il le faut, passer vite et élaguer. Les programmes n'asservissent que les maîtres trop dociles, qui, par conséquent, n'ont pas en eux l'étoffe solide de la maîtrise. Chacun des enseignements portés au programme a sa raison d'être, je voudrais seulement que dès le bas âge l'on fît sentir aux enfants que chacune de leurs études a son rôle et son importance dans la vie, que tout exercice scolaire fournit une matière à la vie hors de l'école. Il est inutile d'insister sur le catéchisme et l'histoire sainte : leur utilité pour nous, catholiques, est immédiate pour la pratique de la religion. Il en est de même de l'instruction morale, qu'elle se confonde ou non avec l'instruction religieuse — j'avoue que je croirais bon d'avoir quelques instructions de morale purement naturelle, — de même encore des leçons de choses et de l'arithmétique. Mais on comprend moins l'utilité de l'instruction civique, de l'histoire, de la géographie, et si on professe envers la grammaire et l'orthographe un respect quasi superstitieux, je ne sais si l'on a toujours démêlé leur vrai usage. Cependant, aucune instruction n'est plus utile dans une démocratie que celle qui a pour but d'apprendre au citoyen futur et ses devoirs et ses droits; aucune vertu naturelle n'est plus importante à former en lui que le civisme, cette admirable vertu de l'âme où il entre du patriotisme, de la dignité, et surtout de la justice et du respect pour la loi. L'utilité même de l'histoire consiste à former à la fois et le patriotisme et le civisme. Tous les récits historiques à l'école primaire ne doivent avoir pour but que de faire communier les âmes des enfants avec celles des aïeux, de constituer le lien idéal de la solidarité nationale, de fournir matière à des jugements moraux, et, par des considérations bien choisies, d'initier l'enfant aux éléments de la politique.

Après le nerf du sentiment, il faut en effet constituer l'ossature des idées. Et ce n'est pas seulement à l'école, c'est partout où se donne une instruction primaire, qu'il y faut songer. Au patronage, aux cours du soir, il faut se préoccuper de former le citoyen aussi bien que le chrétien. C'est du citoyen que dépendent les destinées de la patrie et même les destinées nationales du christianisme.

L'étude de la grammaire est utile en ce qu'elle permet de dire ce que l'on pense et de le dire comme il faut. Mais nous devrions bien nous délivrer de la superstition de l'orthographe et au lieu de perdre notre temps en d'interminables dictées qui ennuient l'enfant et ne lui apprennent rien, l'exercer davantage à la rédaction. Mais on ne doit pas viser à ce qu'on appelle fort sottement « le style », c'est-à-dire à la phrase prétentieuse et d'apparence plus ou moins littéraire, il faut apprendre à l'élève à dire ce qu'il aura à dire plus tard, le mettre en face d'un événement de la vie de tous les jours, l'habituer à observer, à se rendre compte de ce qui se passe autour de lui, de ce qui se passe en lui-même, et à s'exprimer simplement, tout comme il le sent et comme il le voit. Ainsi, par la rédaction, l'enfant fera son éducation d'observateur, il apprendra à regarder, à dégager les traits importants des choses, à s'exprimer simplement et facilement et on pourra, par-dessus le marché, lui apprendre l'orthographe en la rectifiant au besoin.

Quant aux problèmes d'arithmétique ils peuvent, si les maîtres le veulent bien, fournir un moyen précieux d'apprendre aux enfants la vie. Au lieu, en effet, de données vagues, parfois inexactes, les mêmes pour tous ceux qui se servent des mêmes livres, les maîtres devraient s'attacher à varier les données des problèmes, de façon à les faire concorder avec la réalité. D'après le taux réel des salaires dans le pays, l'enfant apprendrait combien, au cours des denrées, on peut acheter de choses pour une journée de salaire. On pourrait lui apprendre quels sont les salaires, les jours de chômage dans les différents métiers, il se rendrait compte du prix des choses, de la valeur de l'argent, de ce qu'il coûte à ses parents; en même temps que sa reconnaissance augmenterait, il deviendrait plus économe, plus soigneux de ses vêtements et de ses livres, il serait moins désorienté dans la vie. Et pourquoi ne pas exercer les enfants à l'achat et à la vente? Pourquoi n'y aurait-il pas une classe par semaine consacrée en tout ou en partie à une sorte de marché fictif dans le genre de celles que les Frères des Écoles Chrétiennes ont organisées dans plusieurs de leurs écoles commerciales? L'arithmétique dans les écoles ne sert qu'à apprendre à nos enfants à compter; elle pourrait, sans plus de fatigue, avec plus d'intérêt, leur apprendre aussi à connaître les détails si importants de la vie. Nous sommes des idéalistes, prenons garde que notre idéalisme ne

soit vaincu par ceux qui savent les dures réalités
de la vie. Gardons soigneusement la fleur de notre
idéal, sachons nous en servir pour parfumer la vie
réelle, mais ne perdons pas de vue la pratique et
le réel.

Dans l'enseignement secondaire l'élève apprend
avec les idées les plus générales la connaissance
de l'homme. L'étude des langues, l'étude des
grands auteurs qui fait le fond de cet enseignement ne doit avoir d'autre but que d'apprendre
quels sont les divers caractères, les divers sentiments des hommes. Tout devrait être rapporté à
cette étude. Vivant en société, nous agissons parmi les hommes, nous devons sans cesse tenir
compte des autres pour réussir nos actions. Il est
donc de toute importance de savoir comment les
hommes en général sentent, pensent et agissent,
pour savoir comment nous-mêmes nous pouvons
agir. Les grands auteurs de l'antiquité nous font,
comme on disait autrefois, connaître le cœur
humain. Ils nous en donnent la connaissance à
la fois la plus vraie, la plus immédiatement réelle,
la plus générale et la plus simple. C'est pourquoi
ils sont classiques. Le but de l'étude que nous en
faisons n'est pas la grammaire ou la philologie,
c'est la mise en contact sur des exemplaires

grands et choisis de l'âme de l'élève avec l'expérience de la vie. Le professeur doit sans cesse faire appel aux sentiments des élèves pour leur faire vérifier la vérité des pensées ou des sentiments de leurs auteurs. Ainsi peu à peu s'éveillent et se forment le sens critique, l'habitude d'observer, de pénétrer, de comprendre, puis, ayant compris, de rapporter ce qu'ont pensé, fait ou dit les autres à une règle intérieure, à l'idéal de vie formé dès la première enfance sur les genoux de la mère, continué à l'école, perfectionné au collège.

L'étude des sciences en même temps qu'elle meuble l'esprit de connaissances utiles, en même temps qu'elle fortifie l'intelligence par les exercices auxquels elle la soumet, devrait avoir un autre but et un autre résultat. Aucun élève ne devrait sortir des bancs du collège sans avoir l'idée de ce qu'est l'esprit scientifique. Une part beaucoup plus grande devrait être faite à l'histoire de la science de façon non seulement à donner les résultats de la science faite, mais de faire voir comment la science se fait. En présence des hypothèses tantôt vérifiées et tantôt rejetées par l'expérience, les élèves auraient la conception nette de la patience, de la modéstie, de l'amour de la rigueur et de la clarté qui sont les traits principaux de l'esprit scientifique. Ils apprendraient à distinguer ce qui est vraiment scientifique de ce qui ne l'est pas, et ainsi ayant le culte, le respect et même la religion de la science, ils ne seraient plus exposés à en avoir la superstition.

L'étude de l'histoire en même temps qu'elle fortifiera encore leurs sentiments patriotiques devra être conçue de façon à compléter leur éducation politique et à éveiller en eux le sens critique. L'écolier primaire ne peut guère qu'accepter de son maître des opinions toutes faites, des jugements tout formulés. Ni son âge, ni l'état de son instruction ne permettent autre chose. Il faut que l'élève de l'enseignement secondaire sache par lui-même discerner le vrai du faux, et que donc il apprenne de son maître à savoir se passer de maître. C'est, par l'éducation de la pensée, un apprentissage de la vie libre de l'esprit. Les études historiques, si on sait, tout en étant complet, n'en point faire une simple affaire de mémoire, sont merveilleuses pour former le sens critique. En rhétorique, en philosophie, il ne faut pas craindre d'exciter les élèves à juger par eux-mêmes, à combattre ou à défendre des opinions. En même temps le professeur les initiera à la marche progressive de la science historique, ils verront de quelle somme de probabilités est faite l'histoire. Ils prendront le sentiment du relatif des choses humaines, ils apprendront l'impartialité, la justice en s'habituant à juger les hommes d'après leurs idées, à pénétrer l'état d'esprit de générations fort différentes des nôtres et, parmi les leçons qu'ils tireront de l'étude du passé, ils trouveront en premier lieu celle-ci : c'est que, par définition, le passé n'est plus, qu'il est mort et qu'il n'y a que les insensés qui pensent le faire revivre. Ils ne risqueront donc pas de devenir des réactionnaires. Ils ne demanderont à la connaissance du passé que de leur indiquer la direction de l'évolution historique de leur pays afin de pouvoir eux-mêmes la continuer dans le sens de la plus grande énergie, de la plus grande richesse de vie nationale.

Tous les exercices des dernières années : narrations, tableaux, discours, devront présenter le même caractère à la fois vivant et pratique. Avec des ressources plus complètes que celles de l'enseignement primaire, il faut habituer l'élève à observer, à voir et à dire simplement ce qu'il a observé et vu. Seulement, comme la vue doit être plus étendue et plus perspicace, les détails seront plus complexes, les choses ne se présenteront plus comme sur une surface unie, se succédant uniquement dans l'ordre de leur position dans l'espace ou dans le temps, elles auront des plans et des arrière-plans, des rapprochements et des lointains, elles présenteront un ordre de valeur et de qualité, une hiérarchie d'importance, et l'art de l'écrivain consistera précisément à marquer cet ordre et cette hiérarchie, à donner à chaque élément sa valeur, à reproduire dans l'unité du discours la complexité des choses. Mais l'art ainsi entendu n'a rien d'artificiel, c'est la reproduction même de la vie.

En philosophie enfin, même dans les études les plus abstraites, le professeur ne perdra pas de vue que son but est d'apprendre à vivre. Pour la psychologie et la morale, la logique même, cela est assez évident. En est-il de même en métaphysique et dans l'histoire de la philosophie? Je ne crains pas d'affirmer qu'aucune étude n'est plus importante, que rien n'est plus pratique que ces spéculations qui paraissent au vulgaire si techniques et si uniquement théoriques. C'est que l'homme ne vit pas seulement de pain, il vit aussi de principes et d'idées et, sans qu'il y paraisse, ce sont les idées qui mènent le monde. Ce qui nous manque le plus ce sont les idées bien nettes, bien précises, bien arrêtées. La métaphysique, je le sais, n'est pas en honneur. Mais remarquez aussi, je vous prie, l'universel désarroi de l'action, de l'action sociale comme de l'action individuelle. Nulle part vous ne voyez des gens agir d'après des principes fixes, il n'y a plus de politique de principes, il n'y a que la politique des intérêts. Partout l'empirisme. À chaque besoin qui se manifeste on applique un expédient. Nous-mêmes qui nous flattons d'avoir des principes sommes fort désorientés. Habitués à nous tenir et à raisonner sur le terrain solide, mais fort peu pratique, des thèses absolues, ayant condamné le libéralisme, nous ne savons souvent, sans retomber au libéralisme, nous accommoder aux faits et vivre dans l'hypothèse. Aussi nos écrits et notre conduite paraissent-ils singulièrement vacillants. Je n'hésite pas à dire que seule la métaphysique, en assurant nos principes, en nous habituant au maniement des idées, nous permettra de constituer un système solide de pensées autour desquelles nous pourrons, en dehors de tout empirisme, organiser et nos jugements et nos actions.

D'un autre côté l'histoire de la philosophie nous fera voir qu'aucun philosophe n'a pu construire un système tout à fait complet, cela nous apprendra la modestie et en même temps nous nous rendrons compte des progrès de la réflexion humaine. Nous verrons qu'il y a, ainsi que disait Leibnitz, *quasi perennis philosophia,* comme une philosophie éternelle, que les philosophes s'entendent sur bien plus de choses qu'on ne le dit et même qu'on ne le croit, ce qui nous affermira dans notre confiance en la vérité, mais nous verrons aussi qu'il y a des mouvements et des progrès de la pensée, une évolution non pas nécessaire ni rectiligne, mais en somme toujours progressive de l'esprit humain. Et cela nous guérira d'un superstitieux respect envers les philosophies passées. Aucun nom dans l'histoire de la philosophie, non pas même celui de Platon, n'est plus grand que celui d'Aristote, et saint Thomas d'Aquin, par le complément que les illuminations théologiques sont venues apporter aux raisons philosophiques, le dépasse encore dans l'histoire de l'esprit humain. Mais cependant ni Aristote ni saint Thomas même ne sont infaillibles et ce ne sont pas des bornes au-delà desquelles la raison n'aurait plus le droit de marcher. Léon XIII, en recommandant l'étude de la scolastique et de saint Thomas, a recommandé l'emploi d'une méthode qui est, en effet, excellente, la conservation d'un grand nombre de principes qui sont essentiels et en dehors desquels je ne crois pas qu'on puisse fonder aucune philosophie; mais il n'a pas voulu que tous les philosophes se bornent à commenter perpétuellement et la scolastique et saint Thomas, il a même dit expressément le contraire. C'est que, en effet, il faut vivre, il faut communiquer avec la pensée contemporaine, et si nous voulons lui redonner les principes qui lui manquent, l'amener à nos certitudes, il faut d'abord l'étudier, la comprendre, puis lui parler son langage et, ayant traduit pour nous-mêmes nos idées dans ce langage, les lui proposer d'abord et les lui faire accepter en vertu des principes mêmes dont elle demeure d'accord.

L'enseignement de la philosophie à des jeunes gens chrétiens doit être conforme au dogme de l'Église, mais il doit aussi permettre aux jeunes gens de comprendre leurs contemporains, de les entendre, pour eux-mêmes arriver à se faire entendre. Par conséquent il me semble qu'il serait fort imprudent de vouloir astreindre le professeur de philosophie à enseigner la philosophie scolastique. En fait, ceux-là mêmes qui professent pour cette philosophie la plus grande admiration en défendent les principes de façon moderne et très peu scolastique. Tant la nécessité de se faire entendre s'impose à tous! Mais je crois aussi qu'il est important, et pour se conformer aux idées de Léon XIII, et pour conserver la tradition catholique, que le professeur ait une solide connaissance de la scolastique, de la vraie, non pas de celle des manuels ou des commentateurs, mais de celle de saint Thomas, telle qu'elle est enseignée non pas tant dans les deux Sommes que dans les Commentaires sur Aristote et sur Pierre le Lombard. Et il serait désirable encore que le professeur habituât les élèves à voir les rapports entre l'enseignement qu'il leur donne sous forme moderne et l'enseignement de la scolastique. Ainsi, si je ne me trompe, seraient évités les inconvénients et d'une philosophie exclusivement moderne sans attaches avec la tradition catholique, et d'une philosophie ancienne que personne au dehors ne comprendrait plus et qui donc ne permettrait pas de vivre, empêchant de s'adapter aux conditions de la vie.

La philosophie doit ainsi fournir un système solide de principes et d'idées, elle doit aussi donner un esprit, un esprit de curiosité, de recherche, de discernement et de critique. Ne pas juger du

premier coup, exiger des preuves, être exigeant
sur la preuve, c'est de notre temps le meilleur
préservatif de la foi. Il ne faut pas espérer que
nos jeunes gens puissent vivre sans connaître
l'erreur, il nous faut nous-mêmes prendre les de-
vants et les mettre à même de la discerner. N'af-
faiblissons pas les idées de nos adversaires, pré-
sentons-les dans toute leur force et dans tout leur
jour, c'est de cette lumière même que la réfuta-
tion doit jaillir. C'est en philosophie que le jeune
homme doit apprendre le respect de la pensée.

Que de malentendus seraient dissipés si l'on
voulait étudier les adversaires avec bienveillance
et charité ! Sans cette bienveillance intellectuelle
même il est impossible de comprendre. Partout
dans les classes il faut tâcher d'éveiller l'esprit,
on doit viser à rendre la tête « plutôt bien faite
que bien pleine », il faut exciter l'activité intellectuelle, donner du ressort à la pensée personnelle, exercer l'élève à penser et à parler.

Faut-il au collège exercer les élèves à la discussion des questions sociales ? Je ne vois pas
pourquoi on ne le tenterait pas. A Stanislas on
l'a fait et on s'en est trouvé bien. Plus ces questions sont passionnantes, plus il y a de chances
pour que les jeunes gens apportent à les traiter

beaucoup de curiosité d'esprit. L'essentiel est
qu'ils aient près d'eux un maître, qui leur fasse
voir quand ils s'égarent, qui leur fasse toucher du
doigt la complexité des sujets, qui leur fasse
comprendre que, dans toute discussion, il y a deux
choses qu'il ne faut jamais perdre de vue : les
principes et les faits, qu'il faut en conséquence
toujours remonter aux principes et toujours s'appuyer sur une connaissance exacte et complète
des faits. Est-il besoin de dire enfin quelle importance nous attachons à l'instruction religieuse?
Oserai-je rappeler que celui, qui écrit ici a, dès
1893, attiré l'attention du public catholique sur
cette question capitale de l'instruction religieuse
dans les collèges? Depuis, bien des progrès ont
été faits et on en fera encore. Tout le monde sent
que dans l'enseignement secondaire l'instruction
religieuse doit recevoir un développement particulier, afin de pouvoir servir de cadre et comme
de forme à tout le reste de l'éducation.

Après l'école primaire le travailleur manuel
passe tout de suite à l'apprentissage ou à l'école
professionnelle, le travailleur de l'idée ne passe
à cette école qu'après l'enseignement secondaire.
Il manque donc quelque chose à l'éducation complète du travailleur de la main. Il est nécessaire

que dans la mesure du possible on tâche d'y suppléer. Il faut, en particulier, si l'on veut former en lui le bon citoyen, le chrétien éclairé, que son instruction religieuse soit complétée, que son instruction civique soit développée, qu'il reçoive une certaine initiation aux questions sociales. C'est l'œuvre des institutions postscolaires. Le récent Congrès de Paris a émis sur quelques-uns de ces points des vœux qu'il ne serait peut-être pas inutile de renouveler.

Une fois ouvrier et presque homme fait, le jeune travailleur manuel doit être excité par tous les moyens à l'étude et exercé à la discussion. Les cours du soir peuvent de temps en temps se transformer en conférences suivies d'une discussion. Les cercles d'études sociales, où se rencontreraient des étudiants et des ouvriers, donneraient aux premiers le contact qui leur manque avec la vie manuellement laborieuse, et aux seconds quelques-unes des idées qui leur font défaut. Les jeunes gens de la « Crypte » ont cet hiver organisé avec succès des réunions de ce genre.

Les étudiants à l'Université n'ont guère qu'à suivre les indications qui leur sont données par leurs maîtres. Le développement intellectuel est en grand honneur dans les universités et les vrais

maîtres y sont les premiers à pousser les jeunes
gens à l'examen et à la critique de leurs propres
théories. Seulement les étudiants doivent bien se
dire que l'on peut toujours pousser plus loin que
le cours du professeur, ils s'efforceront de remonter aux principes et, selon un mot très juste du
P. Peillaube, de ne s'arrêter que lorsqu'ils se
trouveront en face de la philosophie de leur spé-
cialité. Arrivés à ce point ils verront la place que
l'objet particulier de leurs études occupe dans
l'ensemble du savoir et de la pratique humaine,
ils en verront les relations avec les autres spé-
cialités et ils comprendront alors quel doit être
leur rôle véritable dans la vie sociale, dans la
vaste organisation de la vie de l'humanité. Ayant
ainsi pris conscience de leur rôle et sachant quelles
en sont les parties, ils pourront vraiment par
leur propre vie ajouter quelque chose à la vie
universelle, ils auront donc appris à vivre; hommes
faits, étudiants ou ouvriers, travailleurs de l'idée
ou travailleurs de la main, ils sauront vivre.

III

Cependant il leur manquera quelque chose encore pour la vie complète. Vouloir et savoir ne

suffisent pas, il faut en outre pouvoir. Le vouloir qu'excitent les sentiments est, en effet, vague tant que le savoir n'en précise pas les effets, le vouloir même précisé demeure tout intérieur et reste sans efficace au dehors si nous ne disposons pas de l'énergie nécessaire pour réaliser des actions, pour faire mouvoir nos muscles. Tout, autrement, se passe et s'évapore en désirs et velléités. A l'éducation du sentiment, à l'éducation de l'intelligence, il faut donc joindre une éducation de la volonté, une formation du caractère.

Toute la formation du caractère se résume en deux résultats : la maîtrise de soi, et l'emploi actif des énergies intérieures. Sans le premier de ces résultats il n'y a pas de caractère solide, il ne faut pas l'oublier. Les disciplines catholiques excellent d'ordinaire à le produire. C'est le grand fruit de l'obéissance et l'on comprend bien pourquoi les moralistes catholiques ne consentent pas à l'abandonner. Mais on comprend bien aussi pourquoi beaucoup parmi nous ne sauraient se contenter de l'obéissance. C'est que s'il est vrai de dire que l'homme obéissant racontera ses victoires — *vir obediens loquetur victorias*, c'est à une condition : à savoir que cet homme soit commandé. Or, dans nos temps, avec nos formes démocratiques et, je crois bien, de tout temps et sous toutes les formes sociales, il faut souvent prendre des initiatives, ne pas attendre un commandement qui le plus souvent ne viendrait pas. Car alors ce n'est plus de victoires, mais de défaites qu'il faudrait parler. A moins qu'on ne veuille dire que l'obéissance contient même l'initiative, car Dieu, quand l'initiative devient nécessaire ou même seulement utile, la commande et on obéit alors même qu'on paraît ne pas obéir. C'est tout à fait aussi ma pensée, mais il faut cependant bien reconnaître que l'obéissance directe à la conscience ou à Dieu est tout à fait différente, au moins du dehors, à l'obéissance aux hommes. Disons donc, si l'on veut, qu'il faut apprendre aux enfants et aux jeunes gens à obéir à Dieu sans que les hommes s'en mêlent. C'est cette obéissance immédiate que nous appelons l'initiative. Nous étant ainsi assurés vis-à-vis des gens pointus, nous pouvons aller de l'avant et parler comme tout le monde.

« Il ne faut pas, disait-on l'autre jour à Paris, « dans un très remarquable rapport, que nos jeunes « gens soient des moutons, il faudrait qu'ils fussent « bergers. » Puisque le troupeau humain doit toujours se diviser en « meneurs » et en « menés », il faut arriver à former chez nous le plus grand nombre possible de « meneurs » et le moins grand nombre possible de « menés ». Car ces « menés », hors de chez nous, il y aurait grande chance que ce ne fût pas nous qui les mènerions.

A l'école donc, au patronage, au collège, dans les institutions postscolaires, dans les universités, il faut nous efforcer, après avoir organisé les sentiments et formé par l'obéissance à la maîtrise de soi, d'exciter les initiatives. — Comment on y peut arriver? En faisant le plus possible participer l'élève, le patronné, l'étudiant à la vie pratique de l'institution. On charge déjà en beaucoup d'endroits les jeunes gens de certaines organisations de jeux ou de fêtes, je ne vois pas pourquoi on ne les inviterait pas à proposer même pour des choses plus sérieuses des plans d'organisation, pourquoi surtout on ne les instruirait pas, dès qu'ils peuvent s'y intéresser, et ils s'y intéressent plus tôt qu'on ne croit, aux détails pratiques de l'organisation intérieure. Pourquoi ne leur ferait-on pas voir, par exemple, comment on achète le bois et le charbon pour l'hiver, comment on s'arrange pour les livraisons et les paiements, comment on se procure les objets mobiliers de toute nature dont on a besoin, pourquoi, ce faisant, on n'éveillerait pas leur attention sur les caractères divers

des gens? Ainsi chaque incident de la vie commune pourra servir de point de départ à des
études pratiques de caractères et à des exercices
de volonté. La gymnastique donnera de la hardiesse, du coup d'œil ; il faut aussi aguerrir les
enfants ou les jeunes gens au contact des hommes ; s'ils manifestent de la timidité, tâcher, en
les mettant en présence de sociétés inaccoutumées, de leur faire surmonter ces émotions stupides et paralysantes.

Toute cette initiative ne va pas sans quelques
dangers, sans quelques risques d'écarts. On nous dit
que nous comptons sans le péché originel, que
l'enfant, que le jeune homme sont faibles, qu'ils
ont constamment besoin d'être tenus, surveillés
et bien bridés. Et assurément il vaudrait mieux
que l'on pût retarder l'époque de la liberté pleine
des jeunes gens et même, chez les ouvriers, des
adolescents, mais on m'accordera bien qu'il y a
plus de danger à ce que le jeune homme passe
brusquement de la compression à la liberté, que
de l'habituer sous nos yeux au bon usage de sa
liberté. Je n'oublie pas le péché originel, mais je
me permets aussi de compter sur les sacrements.
Et si l'on me dit que c'est dans la famille, milieu
naturel qui n'offre pas les mêmes dangers que les

agglomérations d'enfants de familles différentes
et d'un seul sexe, que doit se faire l'apprentissage de la liberté, je répondrai encore que nous
désertons alors notre tâche d'éducateurs, que
d'ailleurs la famille est trop souvent impuissante
pour accomplir la tâche à laquelle nous renon-
çons. Je ne crois pas du reste que l'on doive, pour
laisser de l'initiative aux enfants et aux jeunes
gens, pour s'en rapporter à leur conscience ou à
leur honneur du soin d'observer toutes les lois
établies, renoncer à toute espèce de surveillance.
Je crois au contraire que la surveillance peut
s'exercer et qu'il y a des précautions à prendre
et ce n'est pas la surveillance qui doit être supprimée, mais le mode de la surveillance qui peut
être transformé.

Tout ceci est fort long et demeure cependant
fort incomplet. La matière est immense et je n'ai
pu qu'en effleurer les sommets. Il me semble cependant que de tout ce qui vient d'être dit, il
résulte que l'on peut, sans abandonner aucun des
principes catholiques, tracer un plan de l'éducation totale applicable à la fois aux travailleurs de
la main et aux travailleurs de l'idée et qui aurait
pour but et pour résultat de leur apprendre la vie,

de les exciter à vivre, de les faire vivre. Si, comme le Maître nous l'a appris, sa religion est une religion de la vie, si lui-même est la vie, la vie véritable et indéfectible, nous serons bien restés dans l'esprit du christianisme en donnant à l'éducation pour but la possibilité, l'épanouissement, le rayonnement de la vie.

1er Février 1898.

VIII

INDIVIDUALISME ET CARACTÈRE

Le livre de M. Demolins sur la Supériorité des Anglo-Saxons (1), les articles que M. Jules Lemaître lui consacra dans le *Figaro* et qui furent pour beaucoup dans son éclatant succès, précédèrent tout juste de quelques semaines l'apothéose jubilaire de l'impératrice-reine Victoria, la démonstration que l'Angleterre voulut donner au monde en 1897 de son expansion et de sa puissance navale. D'un autre côté les Anglo-Saxons établis en Amérique ont montré et montrent tous les jours un étonnant esprit de conduite, une prodigieuse faculté d'assimilation vis-à-vis de tous les éléments immigrants. Français, Allemands, Italiens même ou Espagnols ou Irlandais, au bout de deux générations, de trois au plus, sont entièrement américanisés; les qualités et les défauts de la race originaire ont à peu près disparu pour faire place aux qualités et aux défauts de l'Américain. L'Angle-

____

(1) *A quoi tient la supériorité des Anglo-Saxons.* in-18, DIDOT, 1897.

terre et les États-Unis sont incontestablement à cette heure les deux états dont les finances sont les plus prospères, dont la vitalité industrielle et commerciale rayonne avec le plus de puissance et de fécondité. C'est aussi chez eux que les forces révolutionnaires socialistes ou anarchistes, qui tendent à des bouleversements sociaux, ont le moins de chances de réussir et font le moins de progrès. Tandis que tous les grands états empruntent et conséquemment voient augmenter leurs impôts, seuls l'Angleterre et les États-Unis amortissent chaque année leur dette et tandis que le chiffre moyen des impôts que paie un Anglais ne monte qu'à 57 francs, ceux que paie un Américain à 50 francs, ceux que doit acquitter un Français s'élèvent à 89 francs en chiffres ronds. Ajoutez enfin que tandis que la natalité diminue en France avec une rapidité effrayante, les Anglo-Saxons d'Amérique ou d'Europe ont conservé la tradition des familles nombreuses et voient leur population augmenter avec rapidité. L'Américain a eu jusqu'ici assez à faire pour conquérir et peupler son propre sol, et l'Europe n'a pas trop encore à s'en inquiéter, mais l'Angleterre a donné en ce siècle le spectacle de la plus prodigieuse extension. Les îles normandes, Gibraltar, l'Égypte, Malte, Aden, les Indes, l'Australie, le Transwaal, elle est partout, et tantôt elle ne fait que s'établir pour garder une route et conserver un poste important, et tantôt elle colonise et s'enrichit de l'abondance des terres où elle domine.

Cette prospérité extraordinaire doit avoir des causes. C'est à les rechercher que M. Demolins a consacré son livre et le principal résultat de ces recherches aboutit à dire que les Anglo-Saxons doivent leur supériorité à l'individualisme, à leur habitude du *self-help* et du *self-government*. M. Demolins développe cette idée avec une confiance qui l'a fait trouver dangereux par beaucoup de gens moins convaincus que lui des bienfaits de l'individualisme. Et d'autre part l'ouvrage renferme tant d'excellentes idées et surtout une si vive excitation à l'action que d'autres gens — les mêmes peut-être — n'ont pu s'empêcher de regarder cette lecture comme tonifiante et de témoigner à l'auteur une vive reconnaissance.

M. Demolins ne se lasse pas de dire :

Il n'y a pas d'autre solution au problème social que de mettre les individus en état de se soutenir *par eux-mêmes* et de s'élever *par eux-mêmes.* Il en est du salut social, je l'ai dit, comme du salut éternel : c'est une affaire essentiellement personnelle ; c'est à chacun à y pourvoir (1).

Et ailleurs :

La substitution de l'effort individuel à l'effort collectif replace entre les mains de chacun le salut social, comme la religion met entre les mains de chaque individu son salut éternel. Il en est, en effet, du salut social comme du salut éternel, c'est une affaire individuelle et non collective. C'est à chacun à résoudre par et pour lui-même le problème de la vie, et, par l'éducation, à mettre ses enfants dans les meilleures conditions pour le résoudre (2).

La raison d'ailleurs est simple :

La crise que nous traversons dirige l'homme vers un état nouveau : désormais, il ne peut plus être *encadré*, comme autrefois ; il ne peut plus compter, pour se maintenir, sur un entourage constant et sur des habitudes uniquement adaptées à un milieu donné. En effet, cet entourage, ce milieu craque constamment autour de lui, se désagrège, s'en va, sous le coup des nécessités changeantes et matérielles, que je viens de dire. Dès lors, l'homme qui n'a été tenu, formé, établi qu'en vertu d'un cadre, coule et tombe, une fois le cadre brisé. Il faut donc que l'éducation au lieu de

(1) *A quoi tient la supériorité des Anglo-Saxons*, p. 209.
(2) *Ibid.* p. 223...

vous appuyer à votre famille, à votre entourage, à des institutions du moment, comme les carrières factices de l'administration, comme ces bonnes petites situations toutes faites qui ne demandent ni effort, ni initiative... et qui peuvent vous manquer tout à coup ; il faut, dis-je, que l'éducation vous porte à vous appuyer sur vous-même, à savoir vous retrouver seul, à savoir vous remettre sur pied à tout événement.

L'éducation ne peut donc plus réussir, si elle tend simplement à vous faire cadrer avec une institution de famille, d'entourage ou de politique ; elle ne peut réussir que si elle tend à vous faire cadrer avec vous-même, à savoir user de vous, tel que vous êtes personnellement et dans toutes les circonstances (1).

Il faut donc, selon M. Demolins, changer nos errements d'éducation et nos habitudes d'esprit. Il ne faut plus que nous songions à donner à nos enfants une direction de vie toute tracée, une position toute faite, ce qui induit à restreindre le cercle de la famille et amène les diminutions de natalité. N'avoir qu'un fils unique qui aura une position tranquille du gouvernement avec une retraite et qui épousera une dot, ce rêve de tous les bourgeois est un rêve anémiant et mortel. Il faut au contraire nous inquiéter seulement de

____

(1) *A quoi tient la supériorité des Anglo-Saxons*, p. 96.

fournir à nos fils des outils en vue du développement de leurs facultés, des armes au besoin en vue de la lutte pour l'existence. Nous n'aurons plus peur alors d'avoir des enfants, nous les laisserons aller au dehors explorer et coloniser, nous les laisserons se marier sans tant penser à la dot, ils auront en eux-mêmes les ressources nécessaires pour subvenir aux besoins de leur famille et nos filles à leur tour trouveront à se marier sans avoir besoin de fournir des rentes pour entretenir leur mari.

Les parents doivent donc changer d'idéal et, pour se conformer à cet idéal nouveau, il conviendra avant tout de réformer nos systèmes d'éducation. Tous ceux que l'on suit en France — ou plutôt le seul que l'on suive, car le type commun reste toujours l'éducation classique par le commerce des grands auteurs — sont propres à former des fils de famille, des fonctionnaires qui épousent des filles dotées, aucun ne développe les énergies individuelles. Ici on forme de bons enfants bien dociles, mais qui ne savent prendre seuls aucune sorte de décision et, destinés à être des hommes, ne savent pas vivre en hommes ; ailleurs, par une culture tout abstraite et tout idéale, indépendante de toute considération pratique, on transplante les âmes loin des attaches du sol natal, on fait des « déracinés » (1) et par suite des révoltés.

Il faut réformer l'éducation. Il faut en varier les types, il faut que le collège ou le lycée laisse plus d'initiative, plus d'indépendance à l'élève, qu'il fasse l'éducation non pas seulement de son esprit, mais de sa volonté, de son caractère : que l'enfant, que le jeune homme apprenne à se débrouiller tout seul, qu'il sache se soumettre à une règle par la seule réflexion de sa volonté ; que pour cela on développe en lui le sentiment de l'honneur, de la dignité personnelle et du respect qu'il se doit. En France nous croyons avoir tout fait quand nous avons obtenu l'obéissance. Et l'obéissance sans doute, puisqu'elle contredit nos instincts, affermit la volonté, mais de façon, dirai-je, plutôt négative. Elle nous apprend à résister aux pentes mauvaises, à suivre une direction donnée et à la suivre avec constance, mais elle ne nous apprend pas à nous donner à nous-mêmes une direction. Or, dans les circonstances de la vie moderne, celui qui ne sait pas à chaque ins-

(1) Voir plus haut, p. 189, sous le titre : *L'Éducation Verbale*, l'étude sur les *Déracinés* de M. Maurice BARRÈS.

tant se décider de lui-même, inventer sa direction,
est un homme à peu près inutile et dont tout le
bon vouloir doit rester inefficace. Cet amour
exclusif chez les maîtres de l'obéissance dans les
élèves, cette confiance aveugle de tous dans la
seule vertu de docilité n'est au fond, si l'on y regarde bien, qu'une forme de la paresse : paresse
chez les maîtres qui auraient besoin de changer
leurs méthodes, leurs règles et leurs horaires,
paresse chez les élèves à qui est épargné l'effort
constant qu'exige la responsabilité de leur propre
direction.

Et quant à ceux qui s'imaginent que l'indépendance extrême de la pensée suffit à former l'indépendance du caractère, ils oublient que l'esprit
peut voguer à pleines voiles dans le ciel très haut
des idées pures tandis que le corps se distrait par
intervalles dans les plus basses satisfactions, que
le savant le plus audacieux d'esprit est souvent
une piètre volonté et un faible caractère et que
rien n'est plus commun que de penser d'une
façon devant le public et que de vivre d'une autre
dans le privé.

Le problème est délicat sans doute d'habituer
l'élève avec les ménagements qu'exige son âge à
se gouverner lui-même, de lui faire faire l'ap-

prentissage de la vie dans un milieu factice en somme et fort différent de la vie réelle. Il convient cependant de s'y efforcer et, s'il faut changer quelque chose à nos traditions et à nos routines, dût notre paresse en souffrir, et notre amour pour la science pure et la pensée libre, de le faire généreusement.

M. Paul Bourget nous a dit déjà il y a deux ans ce que l'on fait en Amérique dans ces directions, M. Demolins à son tour nous fait connaître ce qu'on fait en Angleterre. Il nous décrit en détail l'école de Bedales dans le Sussex. Cette école est conçue d'après le type de l'école d'Albortholme, dans le Derbyshire, fondée en 1889 par le docteur Reddie. Toutes deux sont situées en une campagne, au milieu d'un beau domaine.

Je crois que le plus simple est de reproduire d'abord l'horaire de chaque jour et d'en suivre ensuite les grandes divisions :

6 h. 15 : lever (en hiver 7 h.) suivi d'un léger repas ;

6 h. 30 : exercice d'assouplissement et du maniement d'armes ;

6 h. 45 : première classe ;

7 h. 30 : chapelle ;

7 h. 45 : déjeuner *(breakfast)*. C'est un sérieux déjeuner à l'anglaise avec œufs, jambon, etc. ; ensuite,

arrangement des chambres : chaque élève fait son lit lui-même ;

8 h. 30 : seconde classe ;

10 h. 45 : lunch léger ; s'il fait beau, exercice des poumons en plein air, déshabillé jusqu'à la taille ;

11 h. 15 : troisième classe ;

12 h. 45 : chant, ou natation dans la rivière suivant la saison ;

1 h. : dîner ;

1 h. 30 : exercices à l'orgue ou au piano ;

1 h. 45 : jeux et travaux de jardin et de culture, ou excursions à pied ou à bicyclette ;

4 h. : travail à l'atelier ;

6 h. : thé ;

6 h. 30 : chant, répétition de comédies, musique, concerts, etc.

8 h. 30 : souper et chapelle ;

9 h. : coucher.

La première impression qui se dégage à la lecture de cet horaire, c'est la variété d'exercices qui composent la journée. On sent la préoccupation d'éviter le surmenage et de développer de front toutes les aptitudes naturelles : instruction classique, instruction manuelle, instruction artistique.

La durée se décompose ainsi entre les diverses catégories de travaux :

Travail intellectuel . . . . 5 h.
Exercices physiques et travaux manuels . . . . 4 h. 30
A Reporter . . . . . . 9 h. 30

Report.	9 h. 30
Occupations artistiques et récréations de société	2 h. 30
Sommeil	9 h.
Repas et temps libre	3 h.
Total	24 h.

Ajoutons que le dimanche il n'y a pas de classe : les élèves sont maîtres de l'emploi de leur temps.

En somme, chaque jour de la semaine est divisé en trois parties bien distinctes : la matinée est surtout consacrée au travail intellectuel, aux études scolaires ; l'après-midi, aux travaux manuels sur le domaine ou dans l'atelier ; la soirée, à l'art, à la musique, aux récréations de société.

Sommes-nous assez loin de nos lycées et collèges ?... Et qu'on nous entende bien ! il ne s'agit pas d'exciter ici personne à copier servilement l'École de Bedales, mais seulement, par le spectacle de ce qui se fait ailleurs, de montrer que notre conception scolaire n'est pas la seule possible et qu'il y a bien des façons diverses d'employer utilement le temps de ces jeunes gens auxquels nous demandons huit ou dix ans de leur vie pour leur apprendre à bien vivre et à bien penser, et que nous rendons trop souvent à leurs familles aussi incapables de vivre que de penser véritablement par eux-mêmes.

Une réforme de l'éducation s'impose en France, et elle s'impose partout. Aveugle qui ne le voit pas ! Et, pour ne parler que des maîtres qui font profession avouée de christianisme, qu'ils ne craignent pas, en développant la volonté chez leurs élèves, en les habituant à se diriger, à se gouverner eux-mêmes, à se passer de la direction des maîtres, d'aller contre les enseignements et les traditions du christianisme. Les enseignements les plus profonds de la théologie sont ici d'accord avec la prudence humaine et les exigences de la vie de notre temps.

Voici ce qu'écrit à ce sujet même le vénéré cardinal Gibbons dans un livre qui a pour but de développer l'idée de ce que doit être un prêtre que le cardinal appelle du beau nom d'*Ambassadeur du Christ* :

Il est évident que le maître doit prendre ses élèves comme Dieu les a faits, et les aider à faire épanouir les facultés cachées dans leur âme. S'il adopte dans l'éducation ce système de nivellement qui jette tout dans le même moule, ses élèves seront guindés et factices, pour ainsi dire, dans leurs mouvements. Ils se décourageront, leurs énergies seront brisées, leurs facultés affaiblies, rétrécies et comme paralysées et leur vie, pour toujours peut-être, sera laissée imparfaite ou frappée d'impuissance. « Je respecterai la liberté, dit Mgr Dupanloup, dans le plus petit enfant, plus scrupuleusement encore que dans l'homme mûr; car celui-ci peut se défendre contre moi, et l'enfant en est incapable. Jamais je ne ferai à l'enfant l'injure de le regarder comme un des matériaux qui doivent être jetés dans le moule, pour en sortir empreints du sceau de ma volonté. »

Au lieu d'anéantir ou d'asservir les penchants et les traits de caractère que la nature a créés ou formés, le sage précepteur doit bien plutôt s'appliquer à leur imprimer une direction. Il est clair, par exemple, que l'avertissement donné à un jeune homme revêche et obstiné qui se jette délibérément dans une fausse voie serait excessif, s'il était donné de la même manière à une nature ardente et sensible, agissant plutôt par impulsion ou par légèreté (1)...

Quelqu'un m'assurait un jour que le principal d'un collège, en Europe, où il avait fait ses études, avait construit un observatoire d'où il pouvait apercevoir les élèves dans leurs salles respectives, et se rendre compte de leur mauvaise conduite. Tous les esprits droits et judicieux ne s'accorderont-ils pas à dire encore qu'il est de beaucoup préférable que les élèves soient sous l'influence du sentiment du devoir, afin que leur conscience bien éclairée devienne leur moniteur et leur guide? C'est à leur honneur et à leur sens moral que les professeurs doivent faire appel bien plus qu'à la crainte.

(1) *L'Ambassadeur du Christ*, traduit par M. ANDRÉ, p. 77. 1 vol. in-18. LETHIELLEUX, 1897.

Cette confiance généreuse, que l'on donne au jeune étudiant, développe en lui tout ce que la nature a placé de bon dans son âme et en fait un homme d'un type plus élevé et plus noble. Un pareil système d'éducation prépare mieux les jeunes gens pour le monde, où ils n'auront aucun maître pour les avertir, et dans lequel la conscience sera leur principal, pour ne pas dire leur unique guide. Là où cette méthode de direction prévaut, il est à remarquer que les châtiments infligés aux délinquants, pour maintenir la loi, obtiennent aussitôt la sanction et l'approbation des élèves eux-mêmes : ils se rendent instinctivement compte que toute violation de la discipline du collège concerne leur honneur personnel et intéresse la bonne réputation de la maison (1)...

La maxime d'Horace : *Nullius addictus jurare in verba magistri*, s'applique aux élèves de la jeune Amérique aussi bien qu'à ceux de l'ancienne Rome, et l'étudiant qui aveuglément accepte le *ipse dixit* du professeur sans le soumettre au contrôle de son intelligence, n'arrivera jamais qu'à charger sa mémoire, au grand détriment de son jugement. Il pourra devenir un parleur intéressant, il sera rarement un penseur profond et un esprit lucide. L'élève doit les connaissances acquises moins à l'enseignement du professeur qu'à son travail personnel. Dans la nourriture soit matérielle, soit intellectuelle, il n'y a que la quantité parfaitement assimilée qui profite. « Un homme, dit le cardinal Newman, pourrait entendre mille confé-

(1) *Ibid.*, p. 81.

rences, lire mille volumes, et ne pas avancer dans la connaissance des choses lues ou entendues. Il ne suffit pas de rester passif pour acquérir la science, il faut être actif : nous devons prendre par nous-mêmes ce qu'on nous offre, le contrôler et nous en rendre maîtres. L'esprit doit faire, pour ainsi dire, la moitié du chemin, et aller à la rencontre de ce qui lui vient du dehors (1). »

Oui, il y a en chaque enfant, en chaque homme, une nature individuelle, quelque chose de singulier infiniment respectable que l'éducation doit non pas détruire, mais cultiver au contraire. Tout ce qui est singulier, original, n'est pas pour cela mauvais. Les vices et les défauts, c'est ce par quoi nous nous ressemblons le plus. Élaguons-les, nous ne portons pas atteinte à la personnalité véritable. Mais n'allons pas plus loin. Ce qu'il y a en chaque homme de personnel qui le fait cette créature, cet homme et non pas cet autre, cet enfant et non pas cet autre est sacré, c'est l'œuvre de Dieu, le reflet ou plutôt l'effet de cette âme que Dieu a créée par un spécial décret et qu'il a « nommée par son nom ». La philosophie et la théologie sont ici d'accord. Et comme pour nous mieux pénétrer de ces vérités voici qu'au moment

(1) Ouvrage intitulé : *Idea of University.* — *Ibid.*, p. 93.

même où paraissait le livre de M. Demolins,
M. l'abbé Klein présentait au public français dans
une éloquente préface une traduction de la *Vie
du P. Hecker* (1), précédée d'une introduction de
Mgr Ireland (2).

Or, le P. Hecker, fondateur de l'ordre des Paulistes américains, mort à New-York le 22 décembre 1888 en odeur de sainteté, est un des hommes
qui ont le mieux senti dans l'Église la nécessité
de la vitalité individuelle. Et, pour le dire en
passant, rien ne prouve mieux la multiformité
merveilleuse du catholicisme que de voir le Saint-
Siège approuver les constitutions des Paulistes
comme il a approuvé les constitutions des Jésuites.
Et cependant tandis que chez les fils de saint
Ignace l'individualité est réduite au minimum
compatible avec la nécessaire liberté morale, on
lui laisse au contraire chez les Paulistes le maximum de développement compatible avec le bon
ordre d'une communauté.

Un Pauliste, dit le P. Hecker, doit s'appuyer sur
l'individualité, c'est-à-dire faire de la liberté individuelle son élément essentiel dans tout ce qui regarde

(1). 1 vol. in-12. LECOFFRE 1897.
(2) Publiée par la *Quinzaine* du 1er Juin 1897.

la vie et le bien de la communauté et de ses membres. L'individualité est un élément intégral et dominant dans la vie du Pauliste: il faut qu'on le sache bien. Un des signes caractéristiques du Pauliste est qu'il aimerait mieux souffrir des excès de la liberté que des excès de l'arbitraire. L'individualité d'un homme ne saurait être trop puissante, ni sa liberté trop grande, quand il est guidé par l'Esprit de Dieu. L'absence de lumière surnaturelle est l'indice qu'un homme n'est pas fait pour être Pauliste, car il ne comprendrait pas comme il faut, il n'apprécierait pas la valeur des libertés dont il jouit; il serait ou il deviendrait un élément de trouble dans la communauté. Les Paulistes mettent le droit individuel au premier rang et le développent jusqu'au point où il nuirait à la communauté. La vie commune prime la vie individuelle en cas de conflit; mais la vie individuelle doit rester sacrée et jamais effacée (1).

Aussi le P. Hecker respectait-il avec grand scrupule les spontanéités intérieures des âmes qui venaient se confier à lui. Il ne voulait pas que son autorité même sacerdotale pût s'interposer entre une âme et l'action de l'Esprit-Saint. Il pensait que le rôle du directeur consiste beaucoup moins à ordonner qu'à discerner les origines des mouvements intérieurs. Il doit éclairer l'âme pour

(1) *Vie du P. Hecker*, p. 282.

qu'elle ne prenne pas le change et ne regarde pas comme inspiration ce qui n'est que tentation, mais une fois discernée et constatée l'action de l'Esprit divin, il convient de respecter le tête à tête mystérieux et de ne le point troubler.

Il croyait fermement, dit son biographe, à la nécessité de la direction dans le sens ordinairement proposé par les auteurs spirituels. Dans la pratique, il consultait des hommes pieux et expérimentés, et nous avons vu qu'il s'en trouva bien dans toutes les crises de son existence ; mais il n'acceptait pas tout ce qu'affirment certains auteurs sur l'abandon total de l'âme entre les mains du confesseur. Il trouvait la confession parfois trop étroitement liée à la direction, et il croyait plus profitable à l'âme de suivre les impulsions naturelles ou surnaturelles qui la poussent à la vertu, que de s'absorber dans la recherche détaillée de ses péchés. Il blâmait la direction trop minutieuse et estimait qu'elle est trop souvent telle. Il pensait qu'il y a des cas où la spontanéité de l'effort est d'un trop grand prix pour être sacrifiée même au mérite de l'obéissance.

« Les Directeurs spirituels, dit saint Jean de la Croix (*Montée au Carmel*, chap. IX), ne font pas le principal ouvrage : c'est le Saint-Esprit qui opère. Eux ne sont que des instruments choisis pour guider les âmes par-dessus les règles de la foi et de la loi de Dieu conformément à l'esprit que Dieu donne à chacun. Ils ne doivent donc pas conduire les âmes par les chemins de leur choix et qui conviendraient pour eux-mêmes; mais, s'ils le peuvent découvrir, par le chemin que Dieu lui-même veut qu'elles suivent (1). »

Ainsi donc, soit dans l'ordre naturel, soit dans l'ordre spirituel, il convient de laisser se développer les libres initiatives. Dans l'ordre naturel on ne peut rien faire de bien et on n'aura rien appris tant qu'on ne sait pas prendre par soi-même des décisions ; dans l'ordre spirituel l'action du Saint-Esprit s'exerçant directement sur chaque âme individuelle, il convient que la maîtrise à forme humaine sache s'effacer devant la pure maîtrise divine. Ainsi la plus haute théologie appuyait dans la pensée de cet homme extraordinaire, dont il faut lire la vie, les idées qu'il avait puisées dans l'amour des libres institutions de son pays. Partisan décidé de l'infaillibilité papale il ne voyait entre l'autorité extérieure et la liberté intérieure aucune espèce de conflit, mais il aimait au contraire à en montrer la synthèse et l'harmonie par des considérations de ce genre :

L'élargissement du champ intérieur d'action dans l'âme, s'il n'était accompagné de la véritable connaissance du but et de la raison d'être de l'autorité exté-

(1) *Vie du P. Hecker*, p. 308.

rieure de l'Église, ne ferait qu'ouvrir la porte aux illusions, aux erreurs, aux hérésies de tout genre et ne serait dans le fait qu'une nouvelle forme de protestantisme. Mais, d'un autre côté, la vue exclusive de l'autorité extérieure de l'Église, sans l'intelligence nette de la nature et du travail du Saint-Esprit dans l'âme, ferait de la pratique de la religion une pure formalité, rendrait l'obéissance servile et l'Église inféconde... L'action du Saint-Esprit personnifiée visiblement dans l'autorité de l'Église, et l'action du Saint-Esprit, demeurant invisiblement dans l'âme, forment une synthèse qu'on ne peut diviser, et celui qui n'a pas une vue claire de cette double action du Saint-Esprit est en danger de tomber dans un excès ou dans l'autre ; or, l'un ou l'autre est la destruction du but même de l'Église (1).

On ne saurait trop se pénétrer de ces graves et fortes paroles. Sous prétexte qu'elles nous viennent d'Amérique il ne faudrait pas qu'elles nous fussent suspectes. Si l'on a pu reprocher à M. Demolins d'exagérer l'individualisme, l'on ne saurait faire au P. Hecker le même reproche. Car on a vu qu'il professait la doctrine que « la vie commune prime la vie individuelle en cas de conflit », ce qui suffit pour le mettre à l'abri de tout reproche sérieux.

(1) *Vie du P. Hecker*, p. 307.

Je ne sais si l'on pourrait aussi facilement excuser M. Demolins. Son livre respire une telle ardeur, un tel enthousiasme pour le développement individuel dans lequel il voit la source de tout progrès qu'il est bien difficile de ne pas le trouver quelque peu exagéré. Car ce culte de la puissance de l'individu exalté outre mesure risque de tourner à l'oppression, à l'écrasement des faibles. Et s'il est vrai de dire que l'on doit élever les enfants de façon à les mettre en mesure de ne compter que sur soi, les résultats de l'éducation seraient désastreux si on ne les élevait pas dans la pensée qu'ils doivent cependant compter avec les autres. La maxime qui doit gouverner une éducation sociale doit être : Agis comme si les autres ne te devaient pas leur aide et comme si toi-même tu leur devais la tienne. — Les deux parties de la maxime ne sont nullement contradictoires ; elle n'est qu'une simple application du double commandement : « Ne fais pas ce que tu ne voudrais pas qui te fût fait. Fais aux autres ce que tu voudrais qu'on te fît. »

Le culte de la dignité intérieure est-il aussi lié au confort extérieur que le pense M. Demolins ? C'est encore une question qu'il conviendrait d'examiner de près avant de se ranger à son opinion.

Il n'est pas sûr qu'un piano ou un tapis dans un ménage d'ouvriers soient des signes infaillibles de respectabilité, et que là où ces signes manquent la dignité ne se trouve pas ou se trouve moins. Ce peut être aussi un signe de vanité, parfois d'imprévoyance et d'endettement, et des âmes fières se trouvent dans les pauvres logis de nos montagnards, de nos bas-bretons ou de nos paysans du Limousin et du Périgord.

Il ne faudrait pas mettre l'idéal de la race dans l'exaltation, dans le développement exclusif du moi. Car ce développement a vite fait d'atteindre à l'hypertrophie. Et les Anglo-Saxons peuvent aussi bien ici fournir matière à la contre-partie des éloges qui leur ont été décernés. Car le sort des prolétaires est chez eux dur et terrible, et il est probablement aussi grand le nombre de ceux qui tombent au workhouse ou plus bas encore que de ceux qui montent au piano et au tapis. La concurrence est effroyable en Angleterre aussi bien qu'en Amérique, et la prospérité générale est faite d'innombrables misères partielles. La politique encore de l'Angleterre tout absorbée dans les intérêts anglais, sans souci de la justice, sans aucune envolée vers l'idéal, est une politique dont on peut bien admirer les momentanés résultats, mais qui, par son égoïsme énorme, risque un beau jour de sombrer devant la révolte de l'Europe exaspérée. La politique anglaise est individualiste comme la conduite de chacun des Anglo-Saxons. Elle terrasse et elle absorbe les faibles. Mais les faibles peuvent s'unir et maîtriser cet égoïsme absorbant.

N'admirons donc pas outre mesure l'individualisme de nos voisins. Leur supériorité pourrait bien quelque jour sombrer dans un désastre sans nom. Il suffirait que l'Europe se décidât à couper les fils qui unissent la métropole à ses colonies. Un nouveau blocus continental pourrait réduire l'Angleterre à n'être plus qu'une île de la mer du Nord. Voilà les revers possibles de l'individualisme politique, de même que la révolte, la grève et la ruine sont les revers ordinaires des individualismes sociaux.

Nous avons mieux à faire qu'à nous mettre docilement à une pareille école. C'est que l'abaissement des caractères, l'absence des initiatives hardies nous a fait admirer chez nos voisins les défauts justement opposés aux nôtres. Il faut leur prendre ce qu'ils ont de bon : le respect du développement naturel de l'enfant et du jeune homme, l'amour des initiatives hardies, le sens du réel et du possible ; il conviendrait aussi de comprendre, comme ils le font même dans leurs écoles non-confessionnelles, qu'il ne saurait y avoir ni morale ni éducation sociale en dehors du sentiment religieux. Mais il ne faut pas confondre l'individualisme qui n'est que la constance de l'égoïsme avec la force du caractère. L'énergie de la volonté, la tenue harmonieuse de la vie peuvent se rencontrer en des êtres qui pensent aux autres tout autant qu'à eux. L'individualisme n'est souvent ou peut fort bien n'être qu'une force brute au service des intérêts d'un seul homme ou d'un seul peuple qui se regarde comme en concurrence avec tous les autres et dont la seule préoccupation est de vaincre dans la lutte pour la vie ; le caractère est tout autre chose. Il est la vie tout entière mise au service d'une idée. Ainsi l'idéal ne lui manque pas. Il peut être généreux et noble. Il n'est pas besoin qu'il oublie ce qui lui est dû légitimement, mais il n'est pas nécessaire non plus qu'il ne pense qu'à soi seul, risquant ainsi de soulever tous les autres contre lui. Il se peut que notre système d'éducation ne trempe pas assez vigoureusement les ressorts de l'âme, que l'on fasse ici des trop dociles et là-bas des révoltés, que l'on décourage ici les initiatives

et que là on n'exalte que les audaces de l'idée
sans agir sur les forces vives qui font l'action ;
réformons donc en ces points ce qu'il y a à réformer, excitons les initiatives, exerçons au vouloir
et à l'agir, dussions-nous pour cela ratiociner et
spéculer un peu moins, mais n'oublions pas de
cultiver dans les âmes l'idéal de bonté, de noblesse, de générosité, que sous le nom de cheva-
lerie nous ont légué nos vieux pères ; que notre
démocratie soit chevaleresque et que les citoyens
de cette démocratie ne se contentent pas d'être
des individus, c'est-à-dire des isolés, mais qu'ils
soient des personnes, des caractères, c'est-à-dire
que chacun d'eux sache jouer son rôle caractéristique dans l'harmonie de l'immense poème social.

1ᵉʳ Août 1897.

TABLE DES MATIÈRES

LA CHAPELLE-MONTLIGEON. — IMPRIMERIE DE N.-D. DE MONTLIGEON.

9 782019 954512